SCM

Stiftung Christliche Medien

Bodenborn 43 · 58452 Witten
Internet: www.scm-collection.de; E-Mail: info@scm-collection.de

Gesamtgestaltung: Dietmar Reichert, Dormagen
Bildnachweis: dreamstime: Mangostock 8, Monkey Business Images14,32, Yuri Arcurs 20,41, Arne9001 26, Studiovespa 46, Urosmm 52, Alexander Rochau 64; fotolia: Imaginis 58
Druck und Bindung: dimograf, Polen

ISBN 978-3-7893-9469-0
Bestell-Nr. 629.469

Bianka Bleier | Martin Gundlach

MEINEN PLATZ IM LEBEN FINDEN

Aufblühen in der Lebensmitte!

Entdecken, was wirklich zählt

SCM Collection

Inhalt

Wann ist eigentlich die Lebensmitte?

Lebensmitte ist nicht gleich Lebensmitte. Niemand kennt die Zahl seiner Jahre, niemand weiß, wie viel Zeit ihm noch gegeben ist. Die Lebensmitte ist eine Metapher, ein Bild. Sie ist die Übergangszeit zwischen zwei Lebensphasen. Im Bild der Jahreszeiten des Lebens ist die Lebensmitte die Zeit zwischen Sommer und Herbst – eine Art Spätsommer, in dem die ersten Schatten des Herbstes schon zu spüren sind.

Die Lebensmitte hat nicht nur mit der Zahl gelebter Jahre zu tun. Eher handelt es sich um eine Phase, in der man bestimmte Erfahrungen macht, in der noch einmal viele Veränderungen und Entwicklungen ablaufen.

Irgendwann zwischen Mitte 30 und Mitte 50 landen wir in der „gefühlten Lebensmitte", sind nicht mehr jung und noch nicht alt. Dann haben wir die Wahl, der Rente oder dem Alter entgegenzudümpeln – oder den eigenen Platz im Leben noch einmal bewusst zu gestalten.

Zu Letzterem wollen wir Sie mit diesem Buch einladen. Stellen Sie die richtigen Fragen, nehmen Sie die Fragen dieses Buches auf – und ringen Sie mit Ihren eigenen Antworten. „Mit 40 beginnt die Reise nach innen", sagte schon der mittelalterliche Mönch Johannes Tauler (1300-1361), und nach ihm viele andere. Es kann eine abenteuerliche Reise werden, vielleicht auch die Reise zu einem neuen Verständnis von Gott und der Welt.

Warum dieses Buch für uns, die Autoren, so spannend ist? Weil es – wir sind beide zwischen 40 und 50 – unser ganz persönliches Thema ist. Manches haben wir schon erlebt, aber auf vielen Gebieten sind wir auch selbst noch unterwegs. Manche Fragen dieses Buches haben wir fast abgehakt, andere sind uns beim Schreiben und Nachdenken in den letzten Wochen und Monaten sehr nahe gekommen.

Wir freuen uns, Ihnen diesen Reise-Begleiter für die Lebensmitte-Jahre vorlegen zu können. Unser Tipp: Schreiben Sie die Gedanken, die Ihnen beim Lesen und Nachdenken kommen, in ein kleines Lebensmitte-Heft. So sichern Sie das, was Sie erkannt, gelernt und gefühlt haben. Denn das ist auch ein Kennzeichen der Lebensmitte: festhalten, was man erkannt und gelernt hat!

BIANKA BLEIER UND MARTIN GUNDLACH

» Lehre uns bedenken, dass wir sterben müssen, auf dass wir klug werden. «
Psalm 90,12

1. Verändern

Welche Veränderungen kann ich nicht mehr ignorieren?

Was würde ich gerne verändern?

Zu was habe ich wirklich Lust?

Was will ich endgültig lassen?

Wozu wird es höchste Zeit?

Verändern

Der Prozess beginnt für manche schleichend, bei anderen wird er durch einschneidende Erfahrungen angestoßen. Aber irgendwann zwischen 35 und 50 werden wir alle vom Lebensmitte-Gefühl erfasst.

„Lebensmitte" – das scheint nur so lange ein breiter Begriff, bis wir selbst mittendrin stecken. Plötzlich fühlen wir uns, als wären wir noch einmal in die Pubertät gekommen – nur umgekehrt. Alles verändert sich.

Nach einer ausgeschlafenen Nacht sehen wir so zerknittert aus wie früher nach einer durchwachten. Wenn wir bei einem Fest der Letzte sind, sieht man uns das zwei Tage lang an. Wir nehmen schneller zu und kaum noch ab. Die Lehrer unserer Kinder sind längst jünger als wir. Bei Umfragen fallen wir neuerdings in die Kategorie 40 bis 60, und wenn es in der Metzgerei heißt: „Der junge Mann war zuerst da", sind wir nicht gemeint. Wenn unser Sohn sagt: „Meine Lehrerin wird auch alt", meint er mit „auch" uns, und wenn wir mit der Tochter unterwegs sind, scheinen wir unsichtbar. Für manche Dinge haben wir wirklich keine Lust mehr. Wir nähern uns dem Wendepunkt, von dem aus Bewerbungen aufgrund unseres Geburtsdatums sehr viel schwieriger werden. Junge Leute siezen uns automatisch und tun sich schwer, ein „Du" anzunehmen.

Das Bergfest feiern

Jahrelang sind wir aufwärtsmarschiert. Unser Streben war, dass alles immer besser, geordneter, professioneller wird. Im Beruf kompetenter. In der Ehe gereifter. Die Kinder selbstständiger. Das Haus schöner. Die Beziehung zu Freunden tiefer. Zu den Eltern entspannter. Die soziale Verantwortung größer. Im Glauben gefestigter.

Irgendwann sind die Weichen gestellt. Wir stehen auf dem Gipfel und freuen uns über das, was wir alles geschafft haben. Auf einmal stellen wir fest, dass es nicht mehr weiter aufwärtsgeht, dass nicht mehr viel Neues zu erwarten ist. Wir schauen uns um. Sehen, was hinter uns liegt. Und was vor uns liegt. Wir erschrecken. Am Gipfelkreuz kommt es zum Blickwechsel. Der Weg geht nicht mehr aufwärts. Es geht abwärts, und was unten im Tal auf uns wartet, lässt uns erschaudern. Bei manchen kommt diese Erkenntnis schleichend, bei anderen über Nacht.

Etwas kippt. Unser Lebensgefühl gerät in Schieflage. Wir beginnen zu rechnen, bilden die Differenz zwischen statistischer Lebenserwartung und gelebter Vergangenheit und kommen, wie wir es auch drehen und wenden, auf eine kleinere Zahl auf der Habenseite. Zeit ist auf einmal nicht mehr unendlich verfügbar (war sie bisher auch nicht, aber es fühlte sich so an). Der Zeit-Rest ist auf einmal endlich, begrenzt, ein kostbares Gut. Und plötzlich vergeht alles immer schneller.

Wenn ich so recht darüber nachdenke, habe ich das Gefühl, ich habe die Lebensmitte längst hinter mir. Ich brauche immer länger im Bad, um so auszusehen wie noch gestern; meine Knie wünschen sich, dass ich bevorzugt in Gesundheitsschuhen gehe; beim Frisör habe ich unter dem Umhang Hitzewallungen von den Haarspitzen bis zu den Fußzehen. Ich habe keine Periode mehr, dafür eine Lesebrille vom Drogeriemarkt, von meinem Kopf stehen einzelne störrische Haare ohne Farbe ab, ich habe einen unerfüllten Enkelwunsch, meine Seele ist hin und wieder den Belastungen des Lebens nicht mehr gewachsen. Unterwegs fühle ich mich auf einmal unsichtbar. Ich trauere nicht um Michael Jackson, der Wandel der Technik überfordert mich an manchen Stellen sichtlich, dafür ertappe ich mich immer häufiger bei nostalgischen Erinnerungen und meinen Partner bei der romantischen Bemerkung, dass er früher Wiesenblumen gepresst hat. Ich sehne mich nach meinen Kindern, aber manchmal ist mir ihre Energie zu aufgeladen, und ich habe keine Lust mehr auf einen Erziehungsauftrag, dafür zwei Meter Tagebücher im Regal. Ich denke jeden Tag an den Tod und den Himmel ...

BIANKA

» Krise ist ein produktiver Zustand. Man muss ihm nur den Beigeschmack der Katastrophe nehmen. «

Max Frisch

Ich gehöre zu denen, denen die Lebensmitte quasi übergestülpt wurde. Mitte 30 war ich ein paar Jahre verheiratet, hatte zwei kleine Töchter, als es für mich in einer Krankheitsphase um Leben und Tod ging. Alles veränderte sich mit einem Schlag. Nichts war mehr sicher. Vieles war plötzlich so unwichtig. Mitten in die Phase hinein, in der die allermeisten Familien um uns herum aufblühten, war für mich und meine Frau alles infrage gestellt. Was ist, wenn ... Plötzlich waren viele völlig neue Gedanken in unseren Köpfen, eine ganz neue Dankbarkeit stieg neben all der Unsicherheit in uns hoch.

Gott sei Dank ging es damals für mich und uns weiter. Aber die Erfahrungen aus dieser Zeit werden mich nicht mehr loslassen: Alles ist endlich, deine Zeit begrenzt, auch wenn du jetzt noch ein paar Jahre vor dir hast. Bei meinem Vierzigsten hatte ich dann auch keine Krise, sondern war heilfroh, dass ich dieses große Freudenfest erreicht hatte.

MARTIN

Die Häutung

Die Lebensmitte ist auch eine Zeit der Abschiede. Wir sollen Abschied nehmen – von unserer Jugend, von unseren Kindern, die erwachsen werden wollen, von den alt werdenden Eltern, von alten Mustern und Festlegungen, auch von manchen Träumen. Das ist, wie Abschied eben immer ist: nicht leicht. Deshalb stehen wir in der Gefahr, all diese Abschiede zu verdrängen – unsere Jugendlichkeit festhalten zu wollen durch Körperkult, unsere Unentbehrlichkeit zu beweisen durch zunehmend nervöse Aktivitäten, von den inneren Prozessen abzulenken, die in Gang kommen. Das ist die Spannung der Lebensmitte.

Abschied, Umbrüche, Neuanfänge – ob wir wollen oder nicht: Der Wandel in der Lebensmitte findet statt. Wie das geschieht – das drücken unterschiedliche Menschen mit ganz verschiedenen Schwerpunkten aus.

Der Dichter Hermann Hesse spricht davon, dass „eine Häutung im Gang [ist], ein ausgewachsenes Kleid will abfallen". Die Psychotherapeutin Ingrid Riedel schreibt: „Indem eine Frau alles hinterfragt, was sie bisher gelebt hat, wird ihr Leben gleichsam aufgebrochen und umgepflügt wie ein Acker, in den neu eingesät werden kann." Der Berliner Pfarrer Axel Nehlsen sieht die Wandlungen, die sich in der Lebensmitte in der Psyche vollziehen, als Reifungsimpulse. „Diese Impulse haben das Ziel, die eigene Persönlichkeit zu erweitern, unabhängiger zu werden und eine innere Freiheit zu erreichen."

Weniger positiv, eher pragmatisch-realistisch spricht der Psychologe und Therapeut C.G. Jung über die Lebensmitte. In einem Vortrag mit dem Titel „Die Lebenswende", den er 1930 hielt, vergleicht er den Übergang in die zweite Lebenshälfte mit dem Erlebnis des Aufstiegs und Abstiegs der Sonne. Sie steigt bis zum Mittag, wo sie ihren höchsten Punkt erreicht hat, und danach beginnt unerbittlich der Untergang. Jung sagt, dieser Untergang bedeute die „Umkehrung aller Werte und Ideale des Morgens".

In einem sind sich alle Fachleute einig: Verändern ist der zentrale Begriff der Lebensmitte. Aber wie können wir diese Veränderung gestalten?

Das Ziel der Veränderung ist klar: Wir wollen reife Erwachsene werden und die Menschen, zu denen wir das Potenzial in uns bergen. Aber der Weg dahin ist manchmal steinig.

Ermutigend ist ein Gedanke der bereits zitierten Psychotherapeutin Ingrid Riedel über die Hinwendung zur eigenen Person. Sie betont, dass die Lebensmitte eine Zeit der Selbstverwirklichung ist. Damit meint sie, dass Anteile unserer Person, die wir bisher vielleicht unterdrückt haben oder für die kein Raum war, danach streben, jetzt wahrgenommen zu werden. Manche Unzufriedenheit, die uns vielleicht im Hinblick auf unsere Ehe, unseren Beruf oder andere Aspekte unseres Lebens überfällt, kann ein Signal sein, dass noch etwas in uns steckt, etwas verwirklicht werden soll.

Die Lebensmitte – eine Zeit der Veränderung!

> Die Erzfeinde jeder Veränderung heißen Lebenslüge, Bequemlichkeit, Feigheit und Resignation.
>
> Patricia Tudor-Sandahl

2. Ankommen

Wie fühlt sich die Phase an,
die ich erreiche?

In welchem Zustand komme
ich in der Lebensmitte an?

Wer bin ich geworden?

Welches Resümee ziehe ich aus meinem
bisherigen Leben?

Ankommen

Wer in der Lebensmitte ankommt, ist herausgefordert, sich selbst anzusehen und anzunehmen. Wie sieht mein Leben heute aus? Wer bin ich wirklich? Die Bilanz wird bei den meisten zwiespältig ausfallen. Manches ist gelungen, auf einigen Gebieten sind wir hinter unseren eigenen Erwartungen zurückgeblieben.

Der große katholische Theologe Romano Guardini sieht den Menschen in der Lebensmitte als „ernüchterten Menschen" – jemand, der einen realistischen Blick für die Welt hat und sich trotzdem in ihr einsetzt. Er schreibt: „Die Lebensfigur des ernüchterten Menschen (...) ist dadurch charakterisiert, dass der Mensch das, was Grenze heißt, die Eingeschränktheiten, Unzulänglichkeiten, Kümmerlichkeiten des Daseins sieht und annimmt. Das bedeutet nicht, dass er das Unrechte, Böse, Gemeine gut nennte; die Unordnung, das Leiden, die Ausweglosigkeiten des Daseins übersähe; für reich erklärte, was armselig, für echt, was Schein, für Erfüllung, was leer ist. Das alles wird gesehen, aber ‚angenommen' in dem Sinn, dass es nun einmal so ist und bestanden werden muss."

Zwischenbilanz ziehen

Die Ernüchterung hat einen Namen: Der 40. Geburtstag ist für viele ein Krisentag! Er beschreibt das endgültige Ende eines Lebensabschnitts und dokumentiert nun auch offiziell, was wir längst wissen: Wir sind nicht mehr jung! Diese Erkenntnis können wir verdrängen und mit Händen und Füßen daran festhalten, für jugendlich gehalten zu werden. Meistens sind diese Versuche lächerlich. Stattdessen sind wir herausgefordert zu verstehen, was in unseren ersten Jahrzehnten gewachsen ist. Wir sind eingeladen, uns Zeit zu nehmen für eine Zwischenbilanz und uns – vielleicht sogar schriftlich – den neu auftauchenden Fragen zu stellen:

- Was habe ich hinter mir? Was habe ich erreicht, was wurde mir geschenkt, was genommen?
- Konnte ich meinen Lebensentwurf verwirklichen?
- Was ist mein Ziel, wenn mir bewusst wird, wie verletzlich und begrenzt mein Leben ist?
- Was sind die Werte, die überlebt haben?
- Welche Wünsche und Träume sind mir geblieben? Von welchen muss ich mich verabschieden?
- Was treibt mich an?

- Wovon möchte ich frei werden, an welchen Schwächen noch arbeiten, mit welchen Grenzen mich versöhnen?
- Wo wünsche ich mir Veränderung in meinem Leben?
- Welche Beziehungen sind jetzt tragend?
- Wie sieht es mit meinem Glauben aus? Was gibt mir Halt, wenn vieles zerfällt?

> Reif ist, wer auf sich selbst nicht mehr hereinfällt.
> Heimito von Doderer

Im letzten Jahr war ich beim fünfundzwanzigjährigen Abiturtreffen meiner Schule. Es war ein sehr emotionaler Tag, zumal ich die meisten meiner ehemaligen Klassenkameraden viele Jahre nicht gesehen hatte. Mit einem Kopf voller Fragen lag ich nachts im Bett: Was wäre gewesen, wenn ich mich für einen anderen Beruf entschieden hätte? Einen anderen Weg gegangen wäre? Hier in der Umgebung geblieben wäre, anstatt 500 Kilometer wegzuziehen? Im Vergleich mit unserem zehnjährigen Abitreffen hat sich der Charakter der Veranstaltung völlig verändert: Ging es uns damals, mit dreißig, noch darum zu zeigen, dass wir auf dem aufsteigenden Ast sind, war es jetzt eher eine fröhlich-entspannt-nachdenkliche Atmosphäre. Wir alle, nun gut: fast alle, waren schon an Grenzen gestoßen und mussten in unserem Leben Rückschläge und Niederlagen verarbeiten. Eine gute Grundlage für eine Zwischenbilanz. MARTIN

Von anderen lernen

In der Lebensmitte werden viele von uns aufmerksamer für das Leben anderer. Wir merken: Von jedem können wir etwas lernen. Aus jedem Gespräch können wir einen Satz mitnehmen, aus jedem Buch einen guten Gedanken für unser Leben gewinnen.

> Das Leben ist eine Reise. Je weniger Gepäck man dabeihat, desto mehr Eindrücke kann man mitnehmen.
> Hanna Schygulla

Ich bemerke an mir neuerdings ein gesteigertes Interesse an Biografien. Je ehrlicher diese ausfallen, umso besser. Es fasziniert mich, innerhalb einer überschaubaren Zeit ein ganzes Leben anzusehen und quasi mitzuerleben, wie über größere Zeiträume hinweg sich eine Lebensspur herausentwickelt. Ich bin gespannt auf die Bilanz, die am Schluss gezogen wird, und manche der Erfahrungen des anderen fließen auch in mein Leben ein oder bestätigen meine Überzeugungen. BIANKA

Wir wissen, dass wir nicht alles selbst können, und sind viel schneller bereit, andere zu fragen, wenn sie sich besser auskennen. Manchmal sind es unsere Kinder, die sich auf bestimmten Gebieten längst besser auskennen als wir. Das entspannt uns ungeheuer, weil wir nicht mehr dem Wahn erliegen, alles selbst lösen zu müssen. Wir haben gelernt, nach dem Weg zu fragen, bevor wir lange hilflos durch die Nacht irren.

Wo kommen wir an, wenn wir den Weg finden? Die Behauptung, dass nach der Lebensmitte das Alter kommt, klingt provokant. Aber vielleicht geht es genau darum, dass wir uns mit diesem Gedanken anfreunden oder versöhnen, anstatt uns an Jugendlichkeit festzuklammern, die wir nicht konservieren können.

Langsamer werden, entscheiden

Vielleicht ist jetzt die Zeit gekommen, Geschwindigkeit aus dem Leben zu nehmen oder sogar innezuhalten. „Auszeit“ ist ein Wort, das nun öfter fällt. Und wir tun gut daran, wirklich einen Schritt zur Seite zu treten und in Ruhe, vielleicht auch mithilfe eines Seelsorgers oder echten Freundes, unser Leben zu reflektieren. Uns nicht mehr nur nach außen, sondern zunehmend nach innen orientieren. Zu uns finden, uns wahrnehmen.

Hatten wir bisher oft den Eindruck, gelebt zu werden, so bricht nun ein neues Zeitalter an. In der Mitte des Lebens ist neu die Chance gegeben, unabhängig von den Wünschen und Bedürfnissen anderer eigene Vorstellungen zu verwirklichen. Es ist an der Zeit, dass wir uns

» Der Mensch braucht Stunden, in denen er sich sammelt und in sich hinein lebt. «

Albert Schweitzer

auf die Reise zu uns selbst begeben. Es geht um unser Innenleben, unsere Ausrichtung und Ausrüstung für die Herausforderungen der nächsten Lebensphase.

Oft kündigt sich die Lebensmitte zuerst als ein Gefühl für die Grenzen der eigenen Kräfte an. Nach vielen Jahren schier grenzenloser Belastbarkeit erleben wir, dass es ein Zuviel gibt: zu viel an Aufgaben, Verantwortung, Druck, Arbeit, Aufbau ... Es ist wie ein Hamsterrad, das sich immer schneller dreht. Hinter jeder Ecke tauchen neue Anforderungen auf, und immer öfter meldet sich das Gefühl, fremdbestimmt zu sein.

Wir stecken in vielen Funktionen und Rollen: Unser Heim mitsamt seinen Bewohnern soll gedeihen, im Beruf stehen wir an vorderster Front, wir übernehmen Verantwortung an vielen Ecken und Enden. Ständig müssen wir klug und wachsam sein und uns zurücknehmen, damit nicht alles wieder aus dem Ruder läuft. Und alles ist wichtig. Vor einigen Jahren noch fühlten wir uns unendlich belastbar, hatten scheinbar unerschöpfliche Kraftreserven und immer wieder neue Ideen. Aber allmählich stoßen wir an Grenzen. Es ist zu viel. Wir kommen zu kurz. Die Kraft reicht nicht mehr. Nach all dem Gründen, Kämpfen, Hegen und Pflegen sehnen wir uns nach Ruhe. Enttäuschung oder Ernüchterung können sich breitmachen, alles scheint uns bekannt, es ist wenig Neues zu erwarten, und das Leben kann auf einmal ziemlich trist wirken.

Nun ist es an uns zu entscheiden: Resignation oder neuer Aufbruch?

> Wir brauchen nicht so fort zu leben, wie wir gestern gelebt haben. Macht euch nur von dieser Anschauung los, und tausend Möglichkeiten laden uns zu neuem Leben ein.
>
> Christian Morgenstern

3. Zurückschauen

Wie war meine erste Lebenshälfte?

Wo komme ich her?

Zu welcher Person habe ich mich entwickelt?

Was möchte ich endgültig loswerden?

Wie hat sich das Verhältnis zu meinen Eltern entwickelt?

Wie sehe ich meine Geschwister?

Zurückschauen

Wer neu aufbrechen will, tut gut daran, zunächst zurückzublicken. Nur wenn wir wissen, wer wir sind, wer wir geworden sind, können wir gute Entscheidungen für unsere Zukunft treffen. Oft erfordert ein ehrlicher Rückblick auch ein wenig Mut: Ich erlaube es mir selbst, meine Hö-he- und Tiefpunkte zu betrachten, Stärken und Schwächen zu sehen, mein eigenes Bild von mir vielleicht zu revidieren. Oft wächst beim Rückblick auch die Dankbarkeit für das, was in der ersten Lebenshälfte gewachsen ist.

Wenn ich auf meine erste Lebenshälfte zurückblicke, werde ich vor allem Gott dankbar. Dafür, dass er mir so unglaublich viele Geschenke in mein Leben hineingelegt hat: meine Frau, meine Kinder, meine Eltern, Freunde, eine Hoffnung, die über den Tod hinausreicht. Beim zweiten Hinsehen erkenne ich in meinem Leben bis heute auch eine Menge heikler Punkte, Krisen und Entscheidungen, bei denen vieles auch aus dem Ruder hätte laufen können, bei denen es gerade noch einmal gut gegangen ist. Dieser zweite Blick lässt die Dankbarkeit noch weiter wachsen. Aber manches ist mir im Rückblick auch peinlich: wie kopflos, wie arrogant, wie besserwisserisch ... MARTIN

Ich habe meine gesammelten Lieblingsbilder aus meinem Leben, dem meiner Mutter und Großmutter und meiner Kinder in einem PC-Ordner gespeichert, die in beliebiger Reihenfolge als Hintergrund durchlaufen. Das ist eine faszinierende Begegnung mit uns allen in unseren unterschiedlichen Epochen, die mir immer wieder bewusst macht, wie reich und beschenkt ich war und bin. BIANKA

»Ich verstehe Krisen grundsätzlich als nützliche Vorboten von fälligem Wandel.«
Rosmarie Welter-Enderlin

Umbruchszeit

Nach einer längeren Zeit der Stabilität verändert sich nun vieles wieder. Die Kinder werden unabhängig und flügge. Die eigenen Eltern brauchen allmählich Unterstützung und Pflege, vielleicht sterben sie sogar. Wir müssen lernen, Liebgewonnenes zurückzulassen, Trauer zuzulassen, ohne dass sie die Oberhand gewinnt. Und dann – den Neuanfang wagen!

Nicht mehr jung und noch nicht alt – wie damals in der Pubertät treten wir ein in eine neue Lebensphase, verlassen die alte wie eine zu eng gewordene Schlangenhaut, sind in der neuen noch nicht beheimatet: eine Sollbruchstelle mit Krisenpotenzial. Das dem Griechischen entstammende Wort „Krise" bedeutet „Wende" – und in der Wende liegt auch die Chance zu etwas Neuem.

Während wir uns über viele Jahre materiell gesehen etwas aufgebaut und einen Platz in der Welt geschaffen haben, geht es in der Lebensmitte um eine Wende nach innen, weg von den Äußerlichkeiten. Vieles, was uns jahrelang völlig selbstverständlich war, wird infrage gestellt.

Den Schatten entdecken

Wer sich ehrlich und genau betrachtet, wird schnell auch auf das stoßen, was der Psychologe C.G. Jung als den „Schatten" bezeichnet. Die Begegnung mit ihm ist kurzfristig nicht angenehm, aber langfristig befreiend. Den eigenen Schatten wahrnehmen bedeutet, dass ich mir ganz begegne. In meiner Endlichkeit, in meinen körperlichen Einschränkungen. In meinen unerfüllten Sehnsüchten, Leistungsgrenzen, Schwächen. In meinem Versagen und auch in dem, was ich in meinem Keller des Vergessens verdrängt habe.

> »Wo jemand seinen eigenen Schatten kennt, bin ich in guter Gesellschaft. Es ist ja ursprünglich die Angst vor Ablehnung und Zurückweisung, die uns dazu bringt, unsere unliebsamen Seiten abzuspalten. Da, wo ein Mensch sich angenommen weiß, kann er seine Dunkelheiten zugeben und ans Licht bringen.«
>
> Regina Laube

Wir beginnen zu erkennen, dass wir uns ungute Verhaltensmuster angeeignet haben, die wir nicht so einfach ändern können. Wir merken, dass wir uns antreiben lassen von inneren Stimmen, denen wir längst keinen Glauben mehr schenken sollten. Wir sehen die Momente schärfer, in denen wir nicht die Verantwortung für unser Verhalten übernommen haben. Vielleicht spüren wir, wie oft wir in einer unzufriedenen, vorwurfsvollen Haltung verharren und den Schatten lieber beim anderen suchen, statt dem eigenen ins Gesicht zu sehen.

Dem eigenen Schatten zu begegnen, ent-täuscht und ernüchtert uns, macht uns aber auf der anderen Seite frei für Veränderung und ganzheitliche Selbstannahme. Erst wenn wir uns selbst wirklich angenommen haben mit unseren Licht- und Schattenseiten, wenn wir unseren Selbstwert loslösen von Leistung und Gut-Sein, erst dann können wir ohne zu werten oder sogar wertschätzend auf unseren Nächsten zugehen.

> Meiner Frau und mir hat das Enneagramm-Buch von Richard Rohr und Andreas Ebert sehr geholfen, unserer eigenen Persönlichkeit auf den Grund zu gehen, unsere Stärken und Schwächen zu finden, unsere Antreiber zu entdecken. In dieser Typenlehre haben wir uns sehr klar wiedergefunden und schwarz auf weiß das gelesen, was sich in unseren so ganz unterschiedlichen Persönlichkeiten abspielt. Das war nicht immer angenehm, hat uns aber eine neue Welt geöffnet, das Verstehen für den anderen sehr erweitert und uns in unserem Zusammenleben sehr entspannt. MARTIN

Prägungen erkennen

Die Lebensmitte ist eine gute Zeit, um mir selbst die entscheidenden Fragen zu stellen: Was sind meine Antreiber? Warum tue ich, was ich tue? Warum habe ich vor manchen Menschen Angst und fühle mich anderen überlegen? Warum beneide ich diesen oder jenen Menschen heimlich? Warum ist mir finanzielle Sicherheit so wichtig? Warum reagiere ich in bestimmten Situationen so emotional?

All diese Fragen haben mit unserer Prägung zu tun, mit unserer Familie, mit unseren Eltern, Geschwistern, Lebensumständen in der Kindheit ...

> Du kannst dein Leben nicht verlängern
> noch verbreitern, nur vertiefen.
>
> Gorch Fock

Ein anregendes Buch war für mich „Entdecke das Kind in dir!". Willy Weber, ein erfahrener Seelsorger, ist überzeugt, dass in jedem von uns ein Kind lebt – das Kind, das wir einmal waren und das immer noch sehr lebendig ist. Allerdings haben viele Erwachsene den Kontakt zu ihrem inneren Kind und damit auch zu ihrer Lebenslust und Kreativität verloren. Geblieben ist die Sehnsucht nach Lebendigkeit und unbekümmerter, spontaner Lebensfreude. Ein Buch, das Mut macht, endgültig erwachsen zu werden und die ganze Fülle dessen zu leben, was in uns angelegt ist. BIANKA

Vergeben

Wer nachträgt, trägt. Und das ist schwer. So wichtig es ist, für sich selbst Verantwortung zu übernehmen (dazu mehr im nächsten Kapitel), so wichtig ist es auch, zunächst zurückzublicken und die Unklarheiten und Langzeitfolgen der Vergangenheit anzunehmen, zu klären und, wo immer es geht, zu bereinigen.

Aufräumen ist angesagt: Die Lebensmitte ist ein guter Zeitpunkt, sich von Altlasten zu trennen und Verletzungen zu überwinden. Gott und Menschen um Vergebung zu bitten und auch selbst denen zu vergeben, die an uns schuldig geworden sind. Aufzuarbeiten und Verhältnisse zu klären. Das befreit für den Weg in die zweite Lebenshälfte.

> Der Sinn unseres Lebens wird uns dann klar, wenn wir uns auf das Abenteuer einlassen, der Mensch zu werden, der wir noch nicht sind.
>
> Brennan Manning

4. Verantwortung übernehmen

Wofür möchte ich mehr Verantwortung übernehmen?

Wofür möchte ich keine Verantwortung (mehr) übernehmen?

Vom Wissen zum Handeln – aber wie?

Ist mein ganz normaler Alltag nicht schon genug?

Verantwortung übernehmen

„Mit 40 ist man für sein Gesicht selbst verantwortlich!", hat der amerikanische Präsident Abraham Lincoln einmal gesagt und damit gemeint: „Du kannst dich nicht ewig darauf berufen, aus welchen Verhältnissen du kommst, welche Verletzungen oder Defizite du mitbekommen hast, was alles hätte besser laufen können in deiner Familie. Jetzt bist du für dein Leben selbst verantwortlich und kannst es gestalten."

Das ist eine große Herausforderung, weil gerade in der Lebensmitte der Rückblick eine so große Rolle spielt. Warum bin ich der, der ich heute bin? Was hätte aus mir werden können, wenn ...? Diese Fragen sind wichtig, aber wir dürfen bei ihnen nicht stehen bleiben. Jetzt heißt es, für das eigene Leben Verantwortung zu übernehmen.

Aber wie? Das sieht je nach Typ ganz unterschiedlich aus: Diejenigen, die immer alles anders machen wollten, lernen vielleicht, die Normalität zu lieben. Zu sein wie alle, auch mal entspannt im Mainstream zu bummeln, anstatt mit höchster Anstrengung einen Sonderweg durchs Leben zu finden. Und diejenigen, die immer sehr angepasst gelebt haben, lernen vielleicht, ihren ganz besonderen Weg zu finden. Ecken und Kanten zu entwickeln, es nicht allen recht zu machen, aus dem Strom der breiten Masse einmal auszubrechen.

Vielleicht verändert sich der Lebensstil, weil wir Verantwortung übernehmen wollen für unsere Welt, im Großen wie im Kleinen. Vielleicht kaufen wir beim kleinen Laden um die Ecke, vielleicht essen wir weniger Fleisch, vielleicht trennen wir uns von unserem Fernseher, vielleicht mieten wir uns einen Schrebergarten, vielleicht engagieren wir uns in einem sozialen Projekt. Vielleicht gönnen wir uns mehr Ruhe, vielleicht werden wir aktiver. All das wird durch einen Lebensmitte-Satz zusammengehalten: Wir tun das, was wir „eigentlich" schon immer tun wollten!

> Was vor uns liegt und was hinter uns liegt, sind
> Kleinigkeiten im Vergleich zu dem, was in uns liegt.
> Und wenn wir das, was in uns allen schlummert,
> nach außen in die Welt tragen, geschehen Wunder.
>
> Henry David Thoreau

Mein Leben gestalten

Ich habe das Gefühl, selbstbestimmter leben zu können – nach Jahren, in denen es ums „Überleben" ging, mit kleinen Kindern, die viel Zeit beanspruchten, mit beruflichen Anfängen, die sehr zeitintensiv waren, mit Nächten, die oft unterbrochen wurden. Jetzt habe ich plötzlich wieder Zeit, die ich bewusst gestalten kann. Nicht übermäßig viel Zeit, aber immerhin: Ich bin herausgefordert, kleine Entscheidungen zu treffen und mein Leben zu gestalten.

Sitze ich hier am Schreibtisch, oder gehe ich draußen durch die Natur? Bin ich samstags im Kaufhaus-Getümmel, oder entspanne ich auf der Terrasse? Lese ich ein gutes Buch, oder schaue ich abends fern? Will ich wirklich heute Abend unsere Bekannten besuchen? Bleibe ich dort, wo ich schon immer war, oder suche ich nach Neuem? Daraus erwächst am Ende eine Frage: Warum tue ich, was ich tue? Was ist wesentlich für mich?

MARTIN

Der Psychologe C.G. Jung beschreibt diesen Prozess der Ich-Findung mit zwei Begriffen, die deutlich machen, dass es in der Lebensmitte um eine neue Richtung geht. „Expansion" heißt bei ihm das Schlagwort für die erste Lebenshälfte, da geht es um den Aufbau nach außen. „Introversion", Wendung nach innen, ist der Kernbegriff der zweiten Lebenshälfte.

Die Reise nach innen

Jahrelang haben wir dafür geackert, in unserem Leben vorwärtszukommen. Haben aufgebaut, „Kind gezeugt, Haus gebaut, Apfelbaum gepflanzt". Haben in Familie und Beruf, vielleicht in Gemeinde oder Verein Verantwortung übernommen. Jetzt, wo das Teil unseres Lebens ist, wo sich die Aufregung legt, scheint uns unser Eifer manchmal bewundernswert, manchmal übertrieben. Lohnt sich das alles? Muss das alles sein?

Nun ist die richtige Zeit, die Reise nach innen zu beginnen. Anselm Grün drückt das so aus: „Die Krise der Lebensmitte stellt uns vor die Forderung der Selbsterkenntnis, die zugleich eine Hilfe wäre, die Krise zu bewältigen. Wenn Gottes Gnade uns angerührt und unser bisheriges Denk- und Lebensgebäude auf den Kopf gestellt hat, so bietet sich uns die Chance, uns selbst zu erkennen, nicht nur äußerlich, sondern in unserem Seelengrund, dort, wo unser Wesen verborgen liegt."

Im Nachdenken, im Gebet, im Gespräch mit anderen gehen wir uns selbst auf den Grund. Das kann erst in der Lebensmitte geschehen. Das zumindest meint der mittelalterliche Mönch

Johannes Tauler, wenn er immer wieder von den „Vierzigern" als Zeit der Selbsterkenntnis spricht. Niemand beschreibt diese Reise nach innen ausdrucksstärker als er: „Kinder, woher, meint ihr, kommt es, dass der Mensch auf keine Weise in seinen Grund kommen kann? Das ist schuld daran: Da ist manch dickliche greuliche Haut darüber gezogen, so dick wie Ochsenstirnen, und die haben ihm seine Innerlichkeit so verdeckt, dass weder Gott noch er selbst hineinkann: Es ist verwachsen. Wisset, etliche Menschen mögen dreißig oder vierzig Häute haben, dicke grobe schwärze Häute wie Bärenhäute."

Diese Verwachsungen aufzudröseln, die jahrzehntealten Häute abzuziehen, das liegt nun in unserer Verantwortung. Das ist der (vielleicht einzige) Weg, der uns erfüllt und bewusst in die zweite Lebenshälfte führt.

Der letzte große Anlauf

In der Lebensmitte wird uns bewusst: Es könnte der letzte große Anlauf sein, unsere Ideen, Wünsche und Träume zu verwirklichen. Wir spüren, dass unsere Zeit begrenzt ist und manche Möglichkeiten schon verpasst sind. Das sollte uns weder in Verzweiflung noch in Hektik stürzen, uns aber ermutigen, zielstrebig auf unsere Ideen zuzugehen.

> Seit vielen Jahren taucht in regelmäßigen Abständen der Traum von einer eigenen Buchhandlung in mir auf. Es ist schwer, den richtigen Moment zum Umgestalten des Lebens zu finden. Immer ist nicht die richtige Zeit, fehlt Geld oder Mut. Allmählich gehen die günstigen Gelegenheiten aus, und ich ahne, dass ich die nächste Chance ergreifen muss, um meinen Traum zu verwirklichen. Meine Mutter ist gestorben, und im Erdgeschoss stehen Räumlichkeiten leer. Mut wächst, noch einmal etwas Wesentliches, Eigenes zu machen. Aber reicht die Kraft noch? Ich sehne mich nach einem Mitstreiter und finde ihn überraschend an meiner Seite. Gemeinsam mit Werner beginne ich, konzentrierter nachzudenken, und mache mich auf den Weg. Vielleicht entscheide ich mich dagegen, aber ich werde mich entscheiden. Bisher war Werner der Pionier unseres Lebens und ich sein Unterstützer. Nun ist es umgekehrt. Das macht mir zwar auch Angst, aber ich empfinde es als eine große Chance, selbst Verantwortung für mein Leben zu übernehmen.
> BIANKA

> In dem Maße, wie die Liebe in dir wächst, wächst auch deine Schönheit, denn die Liebe ist die Schönheit der Seele.
>
> Aurelius Augustinus

Wir sehnen uns danach, etwas in dieser Welt zu verändern oder zu bewirken, das über uns hinausgeht. Wir ahnen, dass wir mutige Entscheidungen brauchen, um Überflüssiges loszulassen und Neues anzugehen. Die Lebensmitte ist die letzte Stufe auf dem Weg zum Erwachsenwerden. Jetzt lernen wir wirklich, unsere eigenen vielfältigen Möglichkeiten und die Verantwortung für unsere Grenzen anzuerkennen. Obwohl diese Zeit sich wie eine Krise anfühlen kann, steckt in ihr die große Chance, ein neues Konzept für unser Leben zu entwickeln oder Altes so zu verändern, dass wir auch in der zweiten Lebenshälfte gut und erfüllt leben können.

Auf den Körper achten

Jahrzehntelang konnten wir über unsere Kräfte leben, ohne dass sich das bemerkbar machte. Aber allmählich spüren wir, dass wir so nicht weitermachen können. Wir dürfen unseren Körper nicht länger ignorieren und gegen ihn arbeiten, sonst werden wir unnötig viel Zeit in Wartezimmern verbringen.

Auf der anderen Seite müssen wir uns darin üben, die Spuren der Zeit anzunehmen. Gerade für Frauen, aber auch für viele Männer ist es eine große Herausforderung, sich immer weniger über ihr Äußeres zu definieren. Es bringt uns nicht weiter, wenn wir in Panik alle Anti-Aging-Programme absolvieren. Das raubt uns nur Zeit, die wir brauchen, um annehmen zu lernen, was mit uns geschieht. Ziel ist eine neue, entspannte Einstellung: sich gut und maßvoll ernähren, fröhlich bewegen, gelassen pflegen und ansonsten mit den „Jahresringen“ anfreunden und das Leben mit einer neuen Gelassenheit genießen. Wenn es um den Wettkampf „jung und schön“ geht, sind wir außen vor! Das hat auch etwas Entspannendes ...

5. Beziehungen leben

Welche Freundschaften werden mir wichtiger?

Welche Beziehungen will ich beenden? Welche neuen entdecke ich?

Wohin entwickelt sich unsere Familie?

Wie geht es mir mit meiner Herkunftsfamilie?

Mit wem will ich alt werden? Und was tue ich heute dafür?

Warum werden mir meine Freunde von früher plötzlich wieder so wichtig?

Beziehungen leben

In der Lebensmitte erhalten Beziehungen einen neuen Stellenwert. Vieles war, vielleicht aufgrund der familiären Situation, nur auf Sparflamme möglich. Jetzt ist die Zeit, um wieder in Freundschaften zu investieren, die eigene Ehe zu stärken und Gemeinschaft zu suchen. Es ist doppelt wichtig – zum einen geht ja durch den Abschied der Kinder ein Teil der familiären Gemeinschaft verloren. Zum anderen wird es wichtig, je älter man wird, dass man ein tragfähiges Beziehungsnetz hat und es Menschen gibt, auf die man zählen kann, wenn man sie braucht.

Um gesunde Beziehungen zu diesen Menschen aufzubauen, müssen wir manchmal die eine oder andere Beziehung ausschleichen oder sogar aktiv beenden – weil sie viel Zeit fressen und nicht wachsen, sondern eher nur noch belasten.

Oft sind es auch Freunde von früher, die in der Lebensmitte wieder wichtig werden. Wir erleben, wie schwierig es ist, jetzt mit 38 oder 46 neue Freunde zu finden. Wir merken, wie sehr wir uns denen verbunden fühlen, mit denen wir in der Jugendgruppe, an der Uni oder während der Ausbildung lange Jahre unterwegs waren.

Andererseits gibt es manchmal das Geschenk später Freundschaften, die sehr kostbar sind. Wir erkennen heute viel schneller, wer zu uns passt, ob die Chemie stimmt. Seltener sind es nun Zweckfreundschaften durch gleiche Lebenswege (Schule, Ausbildung, Kinder), sondern zweckfreie Begegnungen, die vielleicht sogar zu dem einen oder anderen gemeinsamen Projekt führen können. Wir sind beziehungserfahrener und haben mehr einzubringen.

Im letzten Sommer habe ich ein Wochenende mit vier gleichaltrigen Männern verbracht – Freunde, inzwischen alle jenseits der 40. Was uns am meisten verbindet, sind gemeinsame Jugenderlebnisse: Freizeiten, Urlaube, Wochenenden auf dem Fahrrad oder Touren per Anhalter durch Deutschland. Inzwischen sind wir alle verheiratet, haben Kinder, die aus dem Gröbsten raus sind, arbeiten fast alle in Berufen, die wir nicht gelernt haben, und haben noch viele Pläne. Ein Revival-Treffen: Einige hatten sich viele Jahre nicht gesehen. Aber es waren von der ersten Minute an eine Vertrautheit und ein Vertrauen da, die ich in anderen Gruppen so nicht kenne. Nostalgie und Zukunftsträume, Höhepunkte und Krisen, Erfolge und Pleiten – jeder hatte schon eine Menge erlebt. Und wir waren inzwischen erwachsen genug, mit offenen Karten zu spielen. Es war für uns eines der schönsten Wochenenden in den letzten Jahren. MARTIN

Die eigene Familie neu entdecken

Vielleicht ist die Mitte des Lebens die letzte Chance, unsere engsten Beziehungen noch einmal neu zu gestalten. Es ist unverkennbar: Unsere Eltern werden älter. Sie gehen in Ruhestand, feiern ihren 70. Geburtstag, werden vielleicht gebrechlicher. Wir ahnen: Was wir jetzt nicht klären, bleibt im Unklaren. Wenn wir es jetzt nicht schaffen, über Beziehungen, Gefühlslagen und Konflikte zu reden, schaffen wir es nie. Wenn wir jetzt nicht unsere Anerkennung und Liebe äußern, könnte es dafür zu spät sein.

Zugleich wächst unser Respekt vor der Leistung vorangegangener Generationen. Je länger wir selbst im Leben unterwegs sind, desto mehr fragen wir uns: „Wie habt ihr das früher eigentlich geschafft?"

> Ich habe sowohl meinem Vater als auch meiner Mutter ein Fragebuch geschenkt, in dem sie ihr Leben dokumentieren können. Beide haben es sehr gründlich ausgefüllt. Beim Lesen ist mir noch einmal bewusst geworden, was für eine große Lebensleistung sie vollbracht haben. Im Krieg geboren, mit 15 in die Lehre ... Wie unterschiedlich war ihre Kindheit verglichen mit der Zeit, in der sie uns großgezogen haben! Mein Herz wird weich beim Lesen dieser Zeilen, für mich sind diese handgeschriebenen Bücher die wichtigsten in unserem Bücherregal. MARTIN

In der Lebensmitte liegt auch eine große Chance für Geschwister, sich noch einmal näherzukommen. Die Rivalität von früher nimmt ab. Wir sind milder und reifer geworden. Wir können die Leistungen des anderen viel leichter respektieren und wertschätzen, unsere Anerkennung ausdrücken. Manche Konfliktpunkte haben ihre Bedeutung verloren. All das, was wir in den letzten Jahrzehnten gelernt haben, fließt jetzt in die Beziehung ein. Für einen Neuanfang ist es nicht zu spät. Oft werden geschwisterliche Beziehungen wieder enger, wenn ein Elternteil stirbt und uns der Wert von Familie noch einmal deutlicher ins Bewusstsein tritt.

Matten-Gemeinschaften

In der Mitte des Lebens nehmen die Krisen in unserem Leben zu. Theoretisches Wissen wird zu praktischem Erleben. Es geschieht tatsächlich, die Einschläge kommen näher: Nahstehende Menschen erkranken und sterben. Wir sind öfter auf Beerdigungen als auf Hochzeiten. Wir begleiten vielleicht zum ersten Mal einen Freund in ernsthafter Krankheit, vielleicht bis zum Tod. Nun zeigen sich die Qualität und der Wert unserer Beziehungen.

Während meiner Krebserkrankung durfte ich erfahren, wie Freundschaft stützt und durchträgt, zu Jesus hinträgt. Matten-Gemeinschaft habe ich es genannt. Denn die Geschichte der vier Freunde, die ihren gelähmten Freund durch ein abgedecktes Dach vor Jesu Füße herunterlassen, hat mich neu berührt. Ich musste lernen, mich tragen zu lassen. Heute bin ich sehr dankbar für diese Erfahrung – und solche Zeiten bei anderen mitzutragen ist mir noch wichtiger geworden. BIANKA

Wir Männer tun uns oft schwerer, solche Matten-Gemeinschaften aufzubauen. Umso schöner, wenn sie dann doch entstehen. Sie beginnen dann, wenn ich bei guten Freunden ehrlich werde, meine Fassade bröckeln lasse, zu meinen Fehlern und Schwächen stehe. Das darf bei uns anders klingen als bei Frauen, wortkarger, weniger geschmeidig. Das darf unbeholfen sein, weil wir uns in Krise und Krankheit immer unwohlfühlen. Ich habe ein paar solcher Matten-Freunde in der Nähe und in der Ferne. Der Gedanke an sie erfüllt mich mit tiefer Freude. Sie werden mich halten, so wie sie es schon getan haben. Und ich werde für sie tun, was ich kann. MARTIN

Es ist kostbar, Orte und Menschen zu kennen, bei denen wir zu Hause sind. Wir öffnen uns zunehmend dafür, den Alltag miteinander zu feiern, die Lust am Leben gemeinsam neu zu entdecken. Wir wissen, dass wir gemeinsam Krisen durchstehen können. Wir können nicht abschätzen, wie viele Gelegenheiten für solche besonderen Freundschaften uns das Leben noch schenkt. Deshalb ist es so wichtig, die Beziehungen zu den Matten-Freunden zu pflegen.

» Ein Freund, der für mich da ist, das ist einer, der schweigend bei mir sein kann, wenn ich verzweifelt oder verwirrt bin; einer, der bei mir bleibt, wenn ich in Gram und Kummer versinke; einer, der mit mir die Erfahrung aushält, nicht weiterzuwissen, nicht abhelfen, nicht heilen zu können; einer, der mit mir der Tatsache ins Auge sieht, dass ich völlig hilflos bin. «

Henri Nouwen

Die Beziehung zu uns selbst

Durch das Selbstständigwerden der Kinder haben viele von uns plötzlich neue Freiräume. Manchmal ist es eine überraschende Erfahrung, die sich völlig neu anfühlt: nicht mehr nur für den Aufbau von Familie, Beruf, Gemeinde, Gesellschaft zu leben. Wir müssen die Lücken nicht sofort füllen. Es ist angebracht, nun auch vermehrt Zeit in uns selbst zu investieren. Manche von uns müssen neu buchstabieren lernen, wie das geht: sich um sich selbst zu kümmern und sich etwas zu gönnen. Was sich irgendwie fast verboten anfühlt, ist aber völlig legitim und eine schöne neue Seite des Lebens – schöne Dinge wie Ruhe, Wellness, Sport, Hobbys, mehr Zeit für Kontakte ... Wir müssen nicht mehr wettbewerbsfähig sein, aufbauen, überall dabei sein. Wir dürfen uns den Luxus leisten, ein gutes Buch zu lesen, ein Konzert zu besuchen oder mit Freunden ein Saisongericht zu zaubern, statt bei jeder Sitzung mit Anwesenheit zu glänzen. Zweckfreies Dasein ist nun immer mehr angesagt ...

Ich treffe mich gern mit einer Freundin zum Frühstück in einem schönen Café. Diese Zeiten sind anregend und ermutigend für mich. Inzwischen genieße ich es, unter der Woche nur für mich selbst kochen zu müssen – nur noch, was mir schmeckt. Als unser Haus leerer wurde, nutzte ich die Chance, mir nach Jahrzehnten wieder ein eigenes Zimmer zu gestalten, einen sehr persönlichen Rückzugsraum. Nach so vielen Jahren stark sein, dienen, für andere Verantwortung tragen erlaube ich mir immer wieder, auch für mich zu sorgen, Nein zu sagen, langsam zu leben, nicht verfügbar zu sein.

BIANKA

Unsere Ehe verändert sich

Die Mitte des Lebens ist für viele Ehen keine einfache Zeit. Manche zerbrechen in dieser Phase, andere werden schwer erschüttert. Aber viele wachsen auch noch einmal sprunghaft zu mehr Qualität, mehr Nähe, mehr Offenheit, mehr Intimität. In der Lebensmitte ändert sich nicht nur der Partner, auch wir sind nicht mehr dieselben. Wir durchleben Krisen, kämpfen und trauern, leiden und wachsen, entwickeln Profil, werden aufrichtiger und klarer. Ecken und Kanten werden spürbarer und dann abgerieben. Wir haben jeder einen eigenen Weg, wenn wir die Loslösung von den Kindern und den eigenen Eltern bewältigen. Und wir lösen uns, mehr oder weniger schmerzhaft, von unserem Traum, dass vor allem der Partner für unser Glück verantwortlich wäre. Wir merken: Unseren Partner können wir nicht ändern, aber unsere Haltung, unseren Umgang, uns.

Die Ehe in fortgeschrittenen Jahren hat ein unglaubliches Potenzial: die Stabilität einer Beziehung, die die Stürme der Jahre überstanden und sich als verlässlich erwiesen hat.

Gordon MacDonald

Als unsere Kinder aus unserem Blickfeld verschwanden, entstand ein enormes Vakuum in unserer Partnerschaft. Die großen gemeinsamen Aufgaben waren weggefallen und wir ungewohnterweise sehr miteinander konfrontiert. Anfangs waren wir irritiert, verloren uns in dem leeren Haus und stolperten übereinander. Dann dämmerte uns, dass wir wieder ganz neu zum Paar werden konnten, und wir begannen, unsere Ehebeziehung zu beleben. Wir kauften eine Zehnerkarte fürs Thermalbad und überstanden den ersten Winter in der nebligen Wärme des Blubberbeckens. Wir begannen zusammen abzunehmen und planten zum ersten Mal seit Ewigkeiten Urlaub zu zweit mit dem Wohnwagen. Das gemeinsame Abenteuer tat uns gut. Wir genossen es zunehmend, keinen „Erziehungsauftrag“ mehr zu haben, keine Elternabende, keine Fieberkinder, keine Schulsorgen, tränenreiche Diskussionen, leeren Kühlschränke. Wir richteten gemeinsam Haus und Hof wieder schön her – und es blieb schön. Wir saßen spontan beim Türken und genossen einen Teller voller Köstlichkeiten, ständig unterbrochen von dem Impuls, heim zu den Kindern zu wollen und der Erkenntnis, dass daheim niemand auf uns wartete. Wir freuten uns daran, dass wir einander ganz neu in den Blick nehmen konnten.

BIANKA

So weit wie Bleiers sind wir noch nicht. Wir genießen zu Hause gerade den Mix aus Grundschulzeit und Pubertät. Aber immerhin sind die Kinder so groß, dass wir sie abends mal alleine lassen können, um zusammen essen zu gehen. Ab und zu verschwinden wir auch ein paar Tage auf einen Mini-Kultur-Trip, wenn Oma und Opa da sind. Das sind kurze, aber sehr schöne Zeiten. In ihnen erwächst für einen Moment das Gefühl: Wir haben noch etwas vor, wir sind noch gerne zu zweit, wir können noch allein miteinander! Nach vielen Jahren, in denen die Kinder im Mittelpunkt standen und oft noch stehen, ist das ein Gefühl zwischen Vorfreude und Sicherheit im Blick auf die nächsten Jahre: Da kommt noch etwas Schönes!

MARTIN

Unsere Beziehung zu Gott

In der Lebensmitte ändert sich für manche von uns das Verhältnis zu Gott – hin zu einer vertrauensvollen Beziehung, die mit Aufmerksamkeit und Geduld im Alltag gelebt wird. Manche erleben diese Zeit des Umbruchs als Durchbruch im Glauben. Oft ändert sich auch die Art zu beten: Statt mit Gott um unsere eigenen Wünsche zu ringen, wächst behutsam die dankbare, vertrauensvolle Gegenwart vor Gott. Wir werden demütiger und lernen, Gottes oft rätselhaft anmutende Wege vertrauensvoll anzunehmen. Für Pater Anselm Grün ist die Lebensmitte ein entscheidender Abschnitt unseres Glaubensweges. Benutzen wir Gott, um unser Leben zu bereichern und uns selbst zu verwirklichen, oder sind wir bereit, uns glaubend Gott zu überlassen und unser Leben zu übergeben? Ein großer Gedanke!

» In der Lebensmitte sind viele Menschen auf der Suche nach dem Sinn des Lebens und offen für religiöse und spirituelle Antworten. Hier wird deutlich, dass Gott diese Phase oder sogar eine Krise in der Lebensmitte gebraucht, um Menschen zu ihm einzuladen. In der Lebensmitte fragt uns Gott, ob wir es ernst mit ihm meinen. «

Andreas und Ute Wegend

6. Dazulernen

Was will ich noch dazulernen?

Welche Menschen möchte ich kennenlernen?

Wo will ich mir selbst auf den Grund gehen?

Welche Bücher möchte ich unbedingt lesen?

An welchen Kindheitstraum würde ich gerne anknüpfen?

Traue ich mich, meiner dunklen Seite zu begegnen?

Dazulernen

Es ist fast wie in der Pubertät. Plötzlich merken wir, dass wir in der Lebensmitte jede Menge zu lernen haben. Eine der größten Lektionen ist das Loslassen. Die Lebensmitte ist eine Zeit, in der wir lernen müssen, Verlorenes zu verabschieden und dem Verpassten nicht unbegrenzt nachzutrauern. Im Loslassen üben wir für unseren eigenen letzten Abschied.

Kinder loslassen

Kinder sind etwas Großartiges. Nicht umsonst sind wir zwei Jahrzehnte lang um ihr Wohl gekreist. Oft standen sie im Mittelpunkt, vor Beruf, Freundschaften, manchmal auch vor der Ehe. Inzwischen sind wir in einem Alter, in dem wir den Luxus haben, auf Jahrzehnte gelebten Lebens zurückzublicken. Fast unmerklich sind die Kinder dabei unabhängiger geworden. Eine Mutter beschrieb ihr Lebensgefühl mit den heranwachsenden Kindern einmal so: „Ich komme mir vor wie ein Coach, der neben dem Zehnmeterturm steht und das Kind anfeuert, das von dort oben springen möchte. Und dann hofft, dass es das Becken trifft ..."

> Ich fühlte mich so zerrissen. Ich wusste, dass die Kinder irgendwann, vermutlich demnächst, gehen würden, aber noch waren sie ja da, und ich wollte die letzten Tropfen auskosten. Werner fühlte sich darüber oft zurückgedrängt und reagierte gereizt ihnen gegenüber, was mich in Verteidigungshaltung brachte, was seine Einsamkeit noch verstärkte ... Wir stritten vermehrt wegen der Kinder. Ihn nervte ihre dauerhafte Präsenz eindeutiger als mich, und er sehnte sich nach Ruhe, Freiraum, Autonomie. Und ich – wollte bewahren, genießen, Erinnerungen herstellen ... BIANKA

Eine kleine Übung: Schreiben Sie auf, worauf Sie – bei aller Wehmut – in Zukunft gern verzichten können: Elternabende absitzen, Fieberkinder nächtelang pflegen, Streit schlichten, dauernd einkaufen, kochen, putzen, Spangenarztbesuche absolvieren, Nachhilfeunterricht geben für Klassenarbeiten, zum Instrumentüben anhalten. Sich immer wieder zurücknehmen, weil das Wohl der Kinder wichtig ist, keine Zeit für ungestörte Zärtlichkeit zu zweit ...

Schreiben Sie danach auf, was nun möglich ist und wonach Sie sich oft gesehnt haben in den Sturm- und Drangzeiten: Fortbildung, Kultur, Reisen, Sport, Ausschlafen, Ruhe, Geld für eigene Klamotten, mehr Wohnraum und überhaupt: tun, wonach Ihnen der Sinn steht ...

Unsere Kinder müssen sich von uns loslösen dürfen. Wir müssen aufhören, uns auf Familie zu zentrieren, weil wir damit ihre Entwicklung behindern – und unsere eigene. Wir dürfen und sollen den Verlust betrauern, in einem angemessenen Zeitraum aber auch überwinden und dann die neue Freiheit entdecken, die auf uns wartet. Wir müssen neu lernen, wieder unser eigenes Leben zu leben. Wenn dieser Kraftakt gelingt, können wir uns auf einer neuen Ebene als Erwachsene begegnen.

In dieser Zeit voller widersprüchlicher Gefühle – dem Schmerz des Verlassenwerdens, aber auch der Entlastung von Verantwortung – merken wir: Unser Spielraum wird wieder größer!

Eltern loslassen

Gleichzeitig mit den Kindern sind es nun oft auch unsere Eltern, die sich von uns verabschieden. Das Gefühl, plötzlich allein dazustehen, kann uns überrollen. Intensive Zeiten.

Gerade im Hinblick auf ein mögliches Lebensende unserer Eltern ist es überaus wichtig, spätestens jetzt unsere Prägung zu verstehen und Vorwürfe und Bitterkeit loszulassen. Manchmal ist es wertvolle Lebenshilfe, für diese Prozesse seelsorgerliche oder therapeutische Begleitung in Anspruch zu nehmen. Es geht darum, uns mit der Vergangenheit zu versöhnen. Verstehen zu lernen, was unsere Eltern gut gemacht haben – so gut sie es hinbekommen haben. Was ihnen schwergefallen oder misslungen ist – vielleicht aufgrund ihrer ganz eigenen Herkunftsgeschichte. Auch: unser Erbe zu erkennen und zu übernehmen, die Linien zurück zu den Eltern zu finden. Anzuerkennen, was wir bereits für unser Leben übernommen haben, aber auch, was uns besser gelungen ist, was wir anders gemacht haben. Am hilfreichsten für diesen schmerzhaften Loslösungsprozess ist die Erkenntnis, wofür wir ihnen dankbar sind.

> Mit dem Tod meiner Mutter kristallisierte sich ihre Person in einer nie gekannten Klarheit heraus. Ich beschäftigte mich viel mit ihrem Leben und entdeckte oft meine eigenen Lebensspuren darin verflochten. Im Umgang mit meinen Töchtern empfand ich auf einmal so etwas wie ein mütterliches Erbe, das ich an sie weitergeben wollte: die angstfreie und vorbehaltlose Art meiner Mutter, über das Leben zu denken, ihre warmherzige und bedingungslose Liebe, ihre selbstverständliche Weise, wie sie die Familie zusammenhielt, und ihre Kunst, das Leben im Alltag und an besonderen Tagen zu feiern. Wie dankbar bin ich dafür, dass wir in ihren letzten Jahren noch zu einer neuen Nähe zueinander gefunden haben und uns alles sagen konnten, was wichtig war.
>
> BIANKA

Die Endlichkeit akzeptieren

Unsere Vergänglichkeit wird greifbar und unsere Möglichkeiten sind überschaubar. Was für eine schmerzliche Entdeckung: Nichts ist unendlich. Wussten wir natürlich. Aber nun merken wir es: Nichts bleibt, woran unser Herz hängt. Wenn wir lernen, diesen Schmerz auszuhalten und zu durchleben, statt ihn als Schatten zu verbannen, wird unser Leben dichter und kostbarer.

Mein Einbruch kam mitten während meines Lamentos, 40 Jahre alt zu werden. Unvorhergesehen traf mich die gruselige Diagnose „Krebs". Damit hatte ich nicht gerechnet, ich wollte nur mal vorbeugend einen scheinbar harmlosen Knoten loswerden. Mein lebensmittiges Zeitgefühl näherte sich bedrohlich einem endzeitlichen. Dann kam die Begnadigung, und seither ist Lebenszeit ein Geschenk, für das ich täglich neu dankbar bin.

BIANKA

Ich kann mich nicht erinnern, in den ersten drei Jahrzehnten meines Lebens auf einer Beerdigung gewesen zu sein. Der Tod war weit weg. Jetzt, zwischen 30 und 45, sind es eine ganze Reihe von Begräbnissen, die ich besucht habe. Jenseits der eigenen Großeltern und anderer Menschen, die im hohen Alter gestorben sind, waren auch einige Menschen dabei, die viel zu jung ihr Leben verloren haben: ein Freund aus unserer Gemeinde, der Mitte 30 tödlich mit dem Auto verunglückte, ein Jugendfreund, der mit 40 an einem Tumor starb, ein Arbeitskollege Mitte 40, mit dem ich tagtäglich zusammengearbeitet habe. Und immer beschlich mich der Gedanke: „Da könntest du auch liegen!" Und tatsächlich wird es eines Tages so sein ...

MARTIN

> Verliere nie dein Ziel aus den Augen, sondern geh geradlinig darauf zu. Überleg sorgfältig, was du tun willst, und dann lass dich davon nicht mehr abbringen!
>
> Sprüche 4,25-26 (HFA)

Die Erkenntnis der Endlichkeit verstärkt die Hoffnung auf Unendlichkeit und den Gewinn des Glaubens. Es hilft nichts, die Aussicht auf unseren Tod voller Panik zu verdrängen. Es hilft, wenn wir uns an Menschen orientieren, die uns auf diesem Weg voraus sind und Gelassenheit und Weisheit ausstrahlen. Die uns helfen, den Tod nicht als Desaster, als schmählichen Endpunkt zu verstehen, sondern zu erkennen, dass das Leben auch nach dem Bergfest ein Ziel und eine Erfüllung hat. Es geht nicht plötzlich nur noch bergab ...

Anziehend sind alt gewordene Menschen, die keine Lebensgier ausstrahlen, sondern gelassene Lebensfreude an dem, was ist, und Zuversicht in der Erwartung auf das, was kommen mag. Anselm Grün schreibt: „Das Leben hat ein Ziel. In der Jugend besteht das Ziel darin, dass der Mensch sich in der Welt einrichtet und etwas erreicht. Mit der Lebensmitte ändert sich das Ziel. Es liegt nicht auf dem Gipfel, sondern im Tal, dort, wo der Aufstieg begann. Und es gilt, sich auf dieses Ziel hinzubewegen."

Neues beginnen

Wenn wir unseren Mut zusammennehmen, ist nun die Zeit gekommen, neue Fähigkeiten zu entwickeln oder alte neu zu beleben. Jetzt können vergrabene Talente entwickelt, unausgesprochene Träume und Hobbys verwirklicht werden, nach denen wir uns insgeheim lange gesehnt haben. Eins fügt sich zum anderen – Fähigkeiten, Erfahrungen, Gaben, Beziehungsnetze. Wie das Bild eines Puzzles allmählich erkennbar wird, findet sich nun unsere Lebensspur, die alles zu einem sinnvollen Ganzen zusammenwebt. Wir ernten die Früchte unserer Saat.

» Wir sind immer auf dem Weg und müssen verlassen, was wir kennen und haben, und suchen, was wir nicht kennen und haben.
Martin Luther «

Vor einiger Zeit habe ich meine erste eigene „Zeitschrift" wiedergefunden: Als Neunjähriger schrieb ich Kommentare zur Fußball-WM 1974, schnitt aus unserer Tageszeitung die Bilder aus und klebte alles auf eine Tapetenrolle, die man wie eine alte Schriftrolle von links nach rechts liest. Es berührte mich, dass manche Lebenswege sich früh abzeichnen, wie man in das hineinwachsen kann, was man als Kind schon in sich fühlt. Wer hätte gedacht, dass ich dreieinhalb Jahrzehnte später tatsächlich an Zeitschriften und Büchern arbeiten würde?
MARTIN

7. Werte finden

Was finde ich wirklich wichtig?

Welche Werte gewinnen, welche verlieren an Bedeutung?

Auf was will ich verzichten?

Wo will ich mehr Qualität in mein Leben bringen?

Welche Werte sollten mehr in meinen Alltag einfließen? Und wie soll das gehen?

Für welche Werte will ich öffentlich eintreten?

Was ist das Allerallerallerwichtigste?

Werte finden

Es wäre ein eigenes Buch, ausführlich über die wichtigsten Werte in der Lebensmitte zu schreiben. Wir wollen in ein paar Stichworten beschreiben, was uns in der Mitte des Lebens besonders wertvoll wird.

> Mir ist ein Satz sehr eingängig, der von dem US-Autor John Ortberg stammt. Menschen werden im Alter gefragt, was sie in ihrem Leben gerne anders gemacht hätten. Vier Dinge kristallisieren sich bei den Antworten heraus: „Mehr lieben, mehr lachen, mutiger sein, großzügiger sein!" Das ist einer der einfachen Sätze, die mich begleiten. Er hilft mir manchmal, schnell zu entscheiden, was ich tun oder lassen soll. MARTIN

Mut und Dankbarkeit

Die Zeit der Lebensmitte will Gott dazu benutzen, unser Inneres zu verwandeln – hin zu mehr Demut, Vertrauen und Gelassenheit. Stolz und Eitelkeit haben sich überholt, wir ziehen unseren Wert nicht mehr aus unserer Leistung, sondern aus dem Wissen, dass wir so, wie wir sind, vor Gott in Ordnung sind. Die Menschen (auch wir selbst!) sind dann nicht mehr so wichtig. In dieser Lebensphase ringen wir um die Demut, das Misslungene anzunehmen und zuzugeben und uns dankbar über das Gelingende zu freuen. Mut kommt aus dem Glauben und der Erfahrung, dass wir in Gottes Hand gehalten sind, egal was geschieht.

> Für mich war eine der Herausforderungen in der Lebensmitte, frei von Selbsttäuschungen zu werden und von der Last, es jedem recht machen zu wollen. Meine Lust auf Smalltalk sinkt, während meine Freude an ehrlichen, guten Gesprächen steigt. Ich vermute, das deckt sich mit Gottes Interesse – er arbeitet mit uns zusammen daran, uns zu dem Menschen zu machen, der wir werden können. Irgendwann las ich den einleuchtenden Satz: „Man wird immer weniger bereit sein, irgendwo einfach mitzumachen oder einer Sache zuzustimmen, lediglich aus Angst vor Ablehnung oder ‚um des lieben Friedens willen'." Ich übte mich darin, mutiger und eigenständiger zu werden, auch wenn andere mich dadurch eckiger und kantiger fanden. BIANKA

> Demut gibt uns die Gelassenheit und Freiheit, damit aufzuhören, etwas sein zu wollen, was wir in Wirklichkeit nicht sind.
>
> John Ortberg

Die ehemalige Bischöfin Margot Käßmann drückt diesen neuen Mut in der Lebensmitte so aus: „Für mich gehört ‚unverzagt' auch in diese Mitte des Lebens. Wir haben manches hinter uns, nicht alles war gut und schön – sicher könnten wir an manchem verzagen. Ja, da hätten wir unsere Lamento-Gesänge beizutragen. Aber wir verzagen nicht, sondern gehen mutig auf die letzte Strecke dieses Lebens! Wie lang sie sein wird – wir wissen es nicht. Aber Verzagtheit wäre eine völlig falsche Haltung, diese Wegstrecke anzugehen."

Sinn

Wenn wir bisher noch keine Antwort auf die Fragen nach dem Sinn unseres Daseins gefunden haben oder wenn uns unser Glaube in den Verwirrungen des Lebens abhandengekommen ist, kann die Lebensmitte zu einem echten Wendepunkt werden. Die Dringlichkeit der Fragen verstärkt sich mit der kürzer werdenden Lebenszeit und den näher kommenden Einschlägen um uns herum. Zeit, sich Zeit zu nehmen, die Frage nach Gott neu zu überdenken und unserem Leben neue Ausrichtung und Tiefe zu geben.

In der Mitte des Lebens ist es höchste Zeit, zu verstehen und zu erfahren, dass Gott meinem Leben Sinn zuspricht. Wenn viele Kurven und Schlenker mein Leben kennzeichnen, wenn Brüche oder Verwundungen da sind – durch den Glauben, bei Gott finde ich den Sinn, der wirklich sinn-stiftend und grund-legend ist für mein Leben.

> Sinn finden ist für mich ganz eng verbunden mit dem Entlarven der Dinge, die nicht zum Sinn in meinem Leben beitragen. Beziehungen auch mal beenden, statt sie immer weiter durchzuschleppen. Bücher, die mir nicht gefallen, weglegen. Smalltalk abkürzen. Aber auch: alte Ideen noch einmal aufleben lassen, Neues beginnen. Ich merke, dass ich noch einmal anfange, die Prioritäten in meinem Leben zu hinterfragen. Manchmal bin ich mutig genug, etwas zu ändern oder mich zu ändern. MARTIN

Lebenslust

Freuen wir uns, sobald es einen Grund zur Freude gibt, und feiern wir die Feste des Lebens! Wie wohltuend sind Menschen, die sich von Herzen freuen können über das, was ist, anstatt ständig darüber zu nörgeln über das, was nicht ist! Ein ansteckendes Lachen, das aus der Tiefe kommt, ist eine wunderschöne Liebeserklärung an das Leben.

> Ich halte mich gern und immer lieber in der Nähe von Menschen auf, die die Alltagsfeste des Lebens zu feiern verstehen. Ich fühle mich magisch angezogen von humorvollen Menschen, mit denen ich gut zusammenarbeiten und Mußestunden feiern kann. Menschen, die Geschichten erzählen, lachen, singen, tanzen und auch mit mir schweigen können. Die sich mit mir an dem Wunder der Schöpfung freuen und ihre Kraftquellen mitten in ihrem Alltag finden. Von dem Tag, als mich eine Freundin zur Mittagspause mit einem Picknick im Schlossgarten überraschte, zehrte ich noch lange ... BIANKA

Engagement

Indem wir uns mehr inneren Werten zuwenden, suchen wir auch vermehrt nach sinnvollen Gelegenheiten, Menschen beizustehen, Dinge zu verändern, die Welt zu verbessern, Spuren zu hinterlassen. Ernüchtert darüber, dass es uns als junger Mensch nicht gelungen ist, die ganze Welt zu verändern, empfinden wir im Gegenzug nun Glück darin, wenn wir etwas bewirken können – Menschen ermutigen, stärken, freisetzen, entlasten, trösten.

Wenn nicht jetzt, wann dann sollen wir anfangen, unsere Welt ein kleines bisschen besser zu machen? Etwas ist besser als nichts ...

> »Einen glücklichen Menschen zu finden ist besser als eine Fünfpfundnote. Er ist der Inbegriff strahlender Freundlichkeit, und wenn er den Raum betritt, so scheint es, als wäre noch eine Kerze angezündet worden.«
>
> Robert Louis Stevenson

Falls jemand von euch nicht weiß, was der Wille Gottes in einer bestimmten Sache ist, soll er um Weisheit bitten. Ihr wisst doch, wie reich Gott jeden beschenkt und wie gern er allen gibt. Also wird er auch euer Gebet erhören.

Jakobus 1,5 (HFA)

Ich beobachte bei mir und anderen Männern in der Lebensmitte einen neuen Tatendrang. Wir haben genug gehört, wir wollen etwas bewegen. In manchen Gottesdiensten sitzen wir voll Unruhe und denken, wir hätten lieber der alleinerziehenden Nachbarin den Rasen mähen sollen. Wir haben uns von manchen ganz großen Weltverbesserer-Träumen gelöst und werden – vielleicht gerade deshalb – neu sensibel für die Nöte einzelner Menschen in unserer Umgebung.

MARTIN

Weisheit

Eine zentrale Aufgabe der Lebensmitte besteht darin, die Angst vor unserem Lebensende zu verlieren und zu einer inneren, lächelnden Weisheit zu gelangen. Gelassen, innerlich frei und zufrieden alt werden zu können, altersweise im besten Sinne.

Margot Käßmann schreibt dazu: „Ich kann annehmen, was kommt. Nicht meine Forderungen und Erwartungen stehen im Vordergrund, vielmehr hat das Leben mich gelehrt: das, was kommt, aus Gottes Hand zu nehmen, ohne ständig zu ringen und zu hadern, dass es doch bitte ganz anders sein soll. (...) Altwerden als ein Freierwerden zu begreifen, das ist wahrscheinlich Teil der Kunst des Alterns."

Dabei gehört der Gedanke ans Ende zu echter Weisheit dazu. Wer um die Begrenztheit seines eigenen Lebens weiß, der kann die Gegenwart genießen und das Jetzt lieben lernen. Der weiß, dass Beziehungen wertvoll sind, weil sie nicht ewig währen.

Mit solchen Menschen, die sich selbst nicht zu wichtig nehmen und lebenserfahren im wörtlichen Sinne sind, kann man gut durchs Leben kommen. In schwierigen Zeiten sind sie ein echter Halt – und es macht Spaß, lange Abende mit ihnen zu feiern. Die Lebensmitte bietet die besondere Chance, zu solch weisen Menschen zu werden.

8. Hindernisse überwinden

Welche Hürden will ich endlich überspringen?

Welchen Ballast möchte ich nicht länger mit mir herumschleppen?

Welche Beziehungen würde ich gern auf ein ehrlicheres Fundament stellen?

Mit welchen Beeinträchtigungen will ich mich abfinden lernen?

Hindernisse überwinden

Viele Verhaltensweisen, die uns daran hindern, unser Leben auszuschöpfen und unsere Gaben zu entwickeln, stammen aus vergangenen Zeiten. Wir schleppen sie seit Jahrzehnten mit uns herum – alte Prägungen und Verhaltensmuster, die wir als hilfreich empfunden haben für unseren Lebenskampf. Die Haltestelle in der Lebensmitte hilft uns, Hergebrachtes zu überdenken, neue Entscheidungen zu treffen und unserem Leben eine neue Ausrichtung zu geben. Es ist, als erlernten wir ein Handwerk, das uns befähigt, in das nächste Zeitalter einzusteigen – verwandelt, gereift.

Selbsterkenntnis

„Selbsterkenntnis ist der erste Schritt auf dem Weg zur Besserung", haben wir als Kind oft gehört. Es stimmt. Aber Selbsterkenntnis ist auch anstrengend. Sie nimmt uns unsere Schutzmasken und zeigt uns schonungslos, wer wir wirklich sind. Das kann Angst und Abscheu wecken. Deshalb neigen wir dazu, dann lieber wegzusehen.

Sich selbst auf die Spur zu kommen und sich dem zu stellen, was den Grund unserer Seele aufwühlt, kann mit Wachstumsschmerzen verbunden sein. Krisenzeiten sind unsere schwersten Zeiten im Leben, aber in ihnen liegt gleichzeitig die größte Chance zum Wachstum. In der Krise treten wir aus den gewohnten (Gedanken-)Bahnen heraus und müssen neue Antworten finden.

» Wir müssen unser Versagen annehmen, anstatt ihm aus dem Weg zu gehen. Menschen, die ihr Leben lang versuchen, Versagen zu vermeiden, gehen auch der Reife aus dem Weg. Menschen, die wachsen, fühlen sich auch zu denen hingezogen, die Kampfnarben, Sorgenfalten und Tränenspuren im Gesicht tragen. Man kann dem, was sie sagen, viel mehr vertrauen als den Worten derer, deren glatte Gesichter zeigen, dass sie glauben, nie versagt zu haben. «

Carl Friedrich von Weizsäcker

Mit so manchen Krisen in meinem Leben war ich immer noch irgendwie fertig geworden. Dass Werner durch einen Unfall ein Auge verlor, dass wir ein behindertes Kind bekamen, schwere Ehezeiten, eine massive Gemeindekrise und meine Krebserkrankung – all das brachte ich noch unter die Füße. Als ich mich bei einem Sturz verletzte, lief das Fass über. Ich litt monatelang unter starken Schmerzen und rutschte in einen Abwärtskreislauf von Schmerz, Schlaflosigkeit, Resignation und Angst. Durch einen kleinen Fehltritt war ich handlungsunfähig und hilfsbedürftig geworden, und ich fragte mich, wer ich noch war, als ich nichts mehr tun und geben konnte.

Diese Erfahrung schürte meine Angst vor dem Altwerden und Sterben und führte mich zum (Ab-)Grund meiner Seele. Mir wurde bewusst, wie sehr ich mich über Leistung und Anerkennung definierte. Mithilfe eines christlichen Therapeuten entdeckte ich weitere Baustellen in meinem Leben. Das war nicht schmeichelhaft, aber hilfreich, um zu wachsen und manches zu überwinden, was mich einengte und mir das Leben unnötig schwer machte. Mein Selbstbild wandelte sich, und ich ging verändert aus dieser Krise hervor.

BIANKA

» Wer wagen will, sich zu kennen,
muss verzichten, sich zu gefallen. «
Hermann Bahr

Selbstwert

Während wir uns auf manchen Gebieten unserer Persönlichkeit weiterentwickeln, spüren wir schmerzlich, dass wir zunehmend auch an Grenzen stoßen. Auch unser Körper zeigt uns immer öfter, dass Elan, Kraft, Leistungsfähigkeit und Schönheit nachlassen.

In der Lebensmitte stellt sich neu die Frage, worüber wir uns definieren. Manche gewohnten (geliebten) Rollen fallen weg, und wir müssen neu für uns herausfinden, woraus wir unseren Wert ziehen.

Es ist eine der wichtigsten Aufgaben der Lebensmitte, mit Grenzerfahrungen umgehen zu lernen und uns auch dann noch – wieder – endlich – anzunehmen. Spätestens jetzt sollten wir Gottes Lieblingslektion verstehen: dass wir geliebt und angenommen sind. All inclusive.

Für mich ist es eine dauerhafte Herausforderung, meine Grenzen anzunehmen. Das geht mir insbesondere beim Sport so. Ich war viele Jahre lang Vereinshandballer und liebe bis heute diesen körperbetonten Sport – jetzt als Zuschauer. Vor zwölf Jahren streikte meine Achillessehne, sodass Sport für mich heute heißt: Schwimmen – und Nordic Walking, weil auch das Joggen zu schmerzhaft ist. Wenn ich die Stöcke in die Hand nehme, merke ich, ob ich gut oder schlecht drauf bin. An guten Tagen danke ich Gott, dass ich all das hier noch machen kann. An schlechten Tagen würde ich am liebsten ein Schild umhängen: „Ich war mal richtig sportlich!", weil mir das Stöcke-Wandern im Grunde doch peinlich ist. Aber diese Tage werden seltener ... MARTIN

Angst überwinden

Ängste verengen unseren Handlungsspielraum, mindern unsere Lebensfreude und rauben uns viel Kraft, die wir brauchen, um unseren Alltag zu bewältigen. Gott will, dass wir an der Freude des Lebens teilhaben, lebensfeindliche Angst loslassen und Vertrauen lernen.

Mein Schatten war die Angst. Ohne dass es mir bewusst war, war ich von klein auf von Ängsten getrieben oder ausgebremst durch mein Leben gegangen. Es war eine Befreiung, in der Seelsorge manchen dieser Ängste auf die Schliche zu kommen und zu lernen, sie zu überwinden oder besser mit ihnen umzugehen. BIANKA

Für diejenigen unter uns, die es gewohnt sind, sich reflexartig zurückzunehmen, immer oder zumindest zuallererst für andere da zu sein, schnell freundlich zu reagieren und gern nachzugeben „um des lieben Friedens willen", für die „Lieben" ist es nun vielleicht an der Zeit, den Tiger in sich zu entdecken.

> Tagebuchschreiben ist wie eine „Wanderung der Seele". Wir steigen auf einen Hügel und erhalten einen viel eindrucksvolleren Blick auf die kleine Welt, in der wir tatsächlich leben.
>
> Katrine Trobisch Stewart

Neulich wurde ich Zeuge, wie eine Freundin von jemandem übervorteilt wurde. Ich war sprachlos, aber sie fand angemessene Worte für ihre Gefühle. Später erlebte ich, wie sie derselben Person wieder freundlich begegnete. Sie sagte: „Ich bin so froh, dass ich gelernt habe, mich zu wehren. Vor wenigen Jahren hätte ich noch besänftigend gesagt: ‚Das macht doch nichts!' Danach hätte ich mich schlecht gefühlt." BIANKA

Klären wir unsere Konflikte, sprechen wir Unangenehmes an, grenzen wir uns von Forderungen ab, denen wir nicht entsprechen wollen!

Tagebuch schreiben

Tagebuch schreiben ist wohltuend und entlastend. Es weckt unsere Sinne für seelische Vorgänge und regt innere Prozesse an. Oft wird uns erst beim Schreiben bewusst, was wir denken und fühlen, wo Probleme liegen, Gedanken sich im Kreis drehen. Schreibend lernen wir, uns besser zu verstehen. Beim gelegentlichen Zurücklesen sehen wir manches in unserem Leben in einem größeren Zusammenhang. Dankbarkeit und Erkenntnis wachsen.

Schreiben bringt unsere Einzigartigkeit zutage. Es hilft, herauszufinden, wer wir wirklich sind – neben all den Rollen, die wir spielen, und den Masken, die wir tragen. Wir tauchen ein in den Grund unserer Seele, hören auf die Flüsterstimmen unseres Herzens und bringen das Verborgene ans Licht. Es ist nie zu spät, mit dem Schreiben zu beginnen, und sei es für eine überschaubare Zeit, in der wir kurz einmal unsere Seele lüften wollen.

Ich bin kein großer Tagebuchschreiber. Ich bin aber ein schreibender Sammler von guten Ideen. Überall liegen bei uns leere Bücher rum, Stifte, Zettel. Keine Idee darf verloren gehen. So vieles kann uns helfen, unser Leben zu verändern. Viele einfache Sätze helfen uns, die Hindernisse in unserem Leben unter die Füße zu bekommen. Aber ich will und muss diese Sätze festhalten, aufschreiben, sonst entgleiten sie schnell. Ein Beispiel: „Etwas ist besser als nichts!" heißt ein Satz, den ich in einem Buch gefunden habe. Er hat gerade in seiner Schlichtheit eine große Bedeutung für mich gewonnen. Wenn ich fühle, dass ich „eigentlich nicht genug" Zeit habe, für meine Kinder, für irgendwelche Projekte oder für mich selbst, ermutigt mich dieser Satz, wenigstens etwas zu tun, anstatt völlig frustriert aufzugeben. Er hilft mir, Hindernisse zu überwinden. MARTIN

9. Konzentrieren

Was ist in meinem Alltag wirklich wichtig?

Was muss ich nicht mehr machen?

Was kann ich stattdessen machen?

Welche Menschen sind für mein Leben zentral?

Welches Anliegen ist mir wirklich so wichtig, dass ich dafür kämpfen möchte?

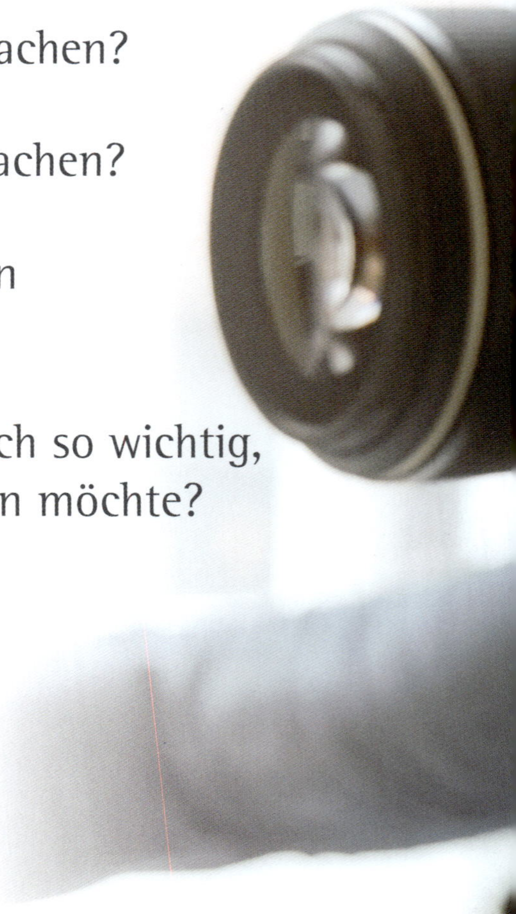

Konzentrieren

Im Rückblick wird klar, dass wir manches Ziel nicht erreicht haben oder darin keine Erfüllung (mehr) finden. Wenn wir nach vorn schauen, wird uns immer mehr unsere Begrenztheit bewusst. Zeit und Kraft werden knapper. Es ist nicht mehr alles machbar. Von manchen Ideen und Träumen müssen wir uns verabschieden. Wir können noch etwas in Angriff nehmen, aber nicht mehr alles und nicht mehr zehn Dinge gleichzeitig.

Es wächst die Erkenntnis, dass unsere Biografie nicht nur von Wachstum, Aufwärtsentwicklung und Gewinn gekennzeichnet ist, sondern immer auch Brüche und Verluste enthält, die wir in unser Leben integrieren müssen. Es findet eine Art Konzentration statt, die vielleicht weniger in den Blick nimmt und das Wesentliche sucht.

Authentisch leben

Eine der großen Aufgaben in der Lebensmitte ist es, ehrlich zu werden. Zu sagen, was ich wirklich will und was ich wirklich nicht will. Das ist gar nicht so einfach, gerade wenn wir jahrelang zurückgesteckt haben. Manchmal brauchen wir Abstand zum Alltag, um zu uns und unseren eigenen Wünschen, zu unserer eigenen Berufung zu finden. Vielleicht erschrecken wir damit unseren Partner, unsere Kinder. Das macht nichts, solange wir einander respektvoll begegnen. Wenn wir es jetzt nicht tun, werden wir es wahrscheinlich nie mehr tun. Und wenn wir es zu lange brodeln lassen, kann es zu der Explosion kommen, die in der Lebensmitte so viele Ehen und Familien auseinanderreißt, weil unausgesprochene Wünsche, Erwartungen und Sehnsüchte sich Bahn brechen.

Erfahrungen weitergeben

Was wir erlebt, durchlitten und verstanden haben, kann anderen weiterhelfen. Wenn wir unsere Erfahrungen teilen, hinterlassen wir im Leben von anderen Spuren. Wir haben selbst profitiert von Menschen, die uns auf unserem Weg eine Strecke voraus waren. Nun sind wir an der Reihe, Wissen zu teilen, Orientierungshilfe zu geben, väterliche und mütterliche Unterstützer zu werden. Indem wir Trauernde trösten, Entmutigte stärken, Verzweifelten Rat geben, erfahren wir Erfüllung und Dankbarkeit.

Manchmal laden sich junge Frauen bei mir zum Kaffee ein und erzählen mir von Problemen, die mir sehr vertraut sind. Es braucht nicht viel, dass es ihnen besser geht, dass sie Hoffnung und Mut schöpfen. Ein Ohr, das zuhört, ein Herz, das versteht, die glaubwürdige Zusicherung, dass alles ganz normal ist, dass ich all das auch kenne und – noch wichtiger – überlebt habe. Manchmal ein Hinweis darauf, wie Gott in solchen Krisenzeiten zu mir gestanden hat, konkret und erkennbar, ein Segensgebet. BIANKA

Mit meiner Frau zusammen begleite ich gelegentlich Paare in den Monaten vor der Hochzeit. Für uns sind das immer besondere Tage und Abende, wenn wir mit den jungen Paaren zusammen sind. Manchmal fragen wir uns, was wir eigentlich sagen sollen. Es ist oft sehr unspektakulär: Wir erzählen von uns, stellen Fragen, hören zu ... und merken, dass wir zu vielen Themen doch etwas beizutragen haben. (Manchmal merken wir auch, wie alt wir inzwischen sind ...) Es entsteht dann oft sehr viel Nähe, weil es sehr ehrlich wird. MARTIN

Gott entdecken

Für viele ist die Lebensmitte noch einmal ein neuer Anfang in ihrer Beziehung zu Gott. Es geht um die Frage von „Tun“ und „Lassen“. Was wächst? Was verliert an Bedeutung? Vielleicht wird es wichtiger, regelmäßig zu beten. Vielleicht entdecken wir den Schatz der alten Lieder. Vielleicht begleiten uns einzelne Sätze oder Geschichten aus der Bibel im Alltag. Manche haben in der Lebensmitte Mühe mit Gottesdiensten, andere entdecken sie neu. Einige geben das regelmäßige Bibellesen auf, andere beginnen es wieder. Wieder andere beschäftigen sich plötzlich mit den politischen und sozialen Schlussfolgerungen des Evangeliums und betonen, dass nach dem vielen Hören endlich mal das Handeln kommen muss.

> »Lehre uns bedenken, dass wir sterben müssen, auf dass wir klug werden.«
> Psalm 90,12

Mich begleitet seit langer Zeit die Geschichte vom sogenannten „barmherzigen Samariter“. Sie ist die Antwort von Jesus auf die zentrale Frage, was es denn heißt, Gott zu lieben und seinen Nächsten. Die Geschichte bewegt und beschäftigt mich, weil sie so einfach zu verstehen ist: „Schau nach links und rechts, und wenn einer am Wegrand liegt, halte an. Steig herab von deinem hohen Ross, hilf, wo du kannst. Mach dir die Hände schmutzig und lass es dich etwas kosten.“ Ich merke, dass diese Sätze das treffen, was ich tun will. Ich erlebe aber auch, wie schwer es mir fällt, das im Alltags-Kleinklein zu leben. Und wie glücklich ich bin, wenn es in Ansätzen gelingt ...

MARTIN

Wichtiges tun, Unwichtiges lassen

Es klingt so einfach, aber es ist doch oft so schwer: das Wichtige tun, das Unwichtige lassen. Vielleicht erschreckt es meine Umgebung, meine Familie oder sogar meinen Ehepartner, wenn ich entdecke, was ich in Zukunft nicht mehr tun will.

In unserer Familie wird beim Begriff „Fokussieren“ meistens gelacht. Wir verwenden ihn, wenn wir einander beim Kartenspielen fest in die Augen schauen und darin zu erkennen versuchen, welche Strategie der andere plant. Tatsächlich ist das Fokussieren aber in der Lebensmitte für mich sehr wichtig geworden: Ich lasse bestimmte Dinge, um andere tun zu können. Ich sage zum Beispiel Termine ab, um zu bestimmten Zeiten zu Hause sein zu können. Wir pflegen bestimmte Freundschaften intensiver und lassen dafür andere sausen. Wir versuchen uns als Paar gegenseitig dabei zu helfen, wirklich die wichtigen Dinge zu tun. Wir versuchen herauszufinden, wie wir ein Stück von der Güte und Barmherzigkeit Gottes in unsere Umgebung hineinbringen können. Und das ist manchmal auch sehr unspektakulär ...

MARTIN

Aufräumen

Wir suchen, trennen, bewahren – und das Feld beginnt sich zu klären. Aufräumen heißt sich von Bereichen trennen, die unnötig belasten und umtreiben. Aufräumen kann bedeuten, im Rahmen von Seelsorge, Therapie, eines Seminars oder einer Freizeit den Weg des Gewordenseins noch einmal in Ruhe anzusehen und weiterzudenken. Verdrängte oder verleugnete

Lebenserfahrungen ans Licht zu bringen. Sich um unverheilte Wunden kümmern. Schädliche Komplexe ablegen. Alte, längst nicht mehr nützliche Verhaltensmuster überwinden lernen.

Auch wenn Lebenspläne scheitern, Träume platzen und manches von dem zerbricht, worauf wir gebaut haben, kann unser Leben als Ganzes heil werden vor Gott. Er sieht uns an mit all unseren Fragmenten, Scherben, unserer Bedürftigkeit. Wir sind angesehen bei Gott, angenommen, so wie wir sind. Unsere Grenzen und Schwachheiten sind der Ort, an dem wir Gott erfahren können, wenn wir ihn an uns handeln lassen.

In den Tälern des Lebens begegnen wir Gott. Dort, wo wir im Dunkel tastend die Hand nach ihm ausstrecken, ist er da. Bis hierher hat uns Gott gebracht, und wenn wir mit offenen Augen, Ohren und Herzen durch das Leben gehen, erkennen wir mit jeder überstandenen Krise, dass Gott wirklich treu ist und vertrauenswürdig, dass seine Hand gut ist, uns führt und hält. Ein wunderschönes Lied fasst diese Gedanken zusammen:

Gottes Hand

In meiner Freude, in meiner Not
In jedem Schmerz bis in den Tod
Nehm ich die Hand, bis der Himmel aufklart
Die Hand, die mich beschützt und mich bewahrt
Die Hand, die schützt, die mich trägt
Die mich im tiefsten Schlamm bewegt
Die Hand, die rettet, die mich hält
Ich wohne in der stärksten Hand der Welt

In Gottes Hand bin ich zu Haus
Und wenn ich an den Rand mal lauf
Wenn ich am Abgrund steh
Und wenn ich falle oder gleite
Aus Gottes einer Hand
Dann fängt mich seine zweite

In meiner Liebe und im Versagen
Und wenn Dämonen mich in Richtung Teufel jagen
Nehm ich die Hand, die mich in Liebe lenkt
Die mir vertraut und mir Vertrauen schenkt
Die Hand, die tröstet und mich bewegt
Die mich durch tiefste Täler trägt
Die Hand, die rettet und die mich hält
Ich wohne in der stärksten Hand der Welt

Jens Böttcher

10. Durchhalten

Woher kommt meine Kraft?

Wo sind meine Tankstellen?

Wer tut mir gut?

Wie behalte ich meine
Ziele im Blick?

Wer darf oder soll
mich korrigieren?

Durchhalten

Wir haben in der Lebensmitte gelernt: Das Leben ist kein Sprint, sondern ein Langstreckenlauf. Es kommt nicht so sehr darauf an, kurzfristigen Highlights hinterherzuhetzen. Entscheidend ist, langfristig zufrieden zu leben. Wir lernen, unser Leben darauf auszurichten.

Zur Ruhe kommen

Viel haben wir geleistet. Nun dürfen wir den Fuß vom Gas nehmen – eine überraschende Erfahrung. Es mag sich ungewohnt anfühlen, aber nach all den übervollen Jahren dürfen und sollen wir nun neu einen ausgeglichenen Rhythmus zwischen Arbeit und Ruhe finden und Verantwortung für unsere Bedürfnisse übernehmen.

Gelassen können wir Zwischenbilanz ziehen. Wir stehen, um im Bild der Wanderung zu bleiben, auf einem neuen Plateau. Wir sehen unser bisheriges Leben in einem klareren Zusammenhang. Unsere Beziehungen sind geklärt, und wir haben Wegbegleiter an unserer Seite, auf die wir bauen können.

Wir sind innerlich gefestigter und möchten gern unser Wissen und unsere Erfahrungen zu etwas Neuem zusammenfügen, mit anderen teilen. Das führt uns zu einer Neuorientierung und dem Mut, Selbst- und Gottvertrauen, noch einmal neuen Aufgaben erwartungsfroh entgegenzugehen.

Hilfe in Anspruch nehmen

Wir müssen das Rad nicht ständig neu erfinden. Wir haben gelernt: Durchhalten gelingt uns leichter, wenn wir das Wissen und die Lebenserfahrung anderer anzapfen. Einige von uns brauchen dazu eher reale Menschen: Manche finden Hilfe in Seelsorgegesprächen, andere beginnen in der Lebensmitte eine Therapie. Wir sind inzwischen so erwachsen, dass wir das gelassen tun können, ohne es als Schwäche oder gar Niederlage zu empfinden.

Andere finden Bücherfreunde – Autoren, die ihnen zu Wegbegleitern werden. Daraus schöpfen wir Kraft, neue Ideen, Kreativität, Ausdauer – „Wegzehrung" zum Wachsen und Durchhalten.

> Ich meine, dass ein lebendiger, liebender Gott seine Gegenwart spürbar und erfahrbar machen kann und das auch tut.
>
> Brennan Manning

Was mir nachhaltig geholfen hat, den Weg des Glaubens zu stolpern, waren Bücher meines Lieblingsautoren Adrian Plass. Seine bedingungslose Ehrlichkeit berührt mich tief und ist mir zum Vorbild geworden. In seinen Erzählungen von seinen Wachstumsschmerzen im Glauben, von zerstörerischen Zweifeln und Lebensfallen finde ich mich deckungsgleich wieder. Wie er darin Gott erlebt, macht auch mir Mut, in Ängsten und Zweifeln mit Gottes unkonventioneller Gegenwart zu rechnen. Egal wie klein mein Glaube zusammenschrumpft, wie groß meine Angst mal wieder ist – beim Lesen trifft mich die Erkenntnis, dass Jesus lebt, mich liebt und mir nah ist. BIANKA

Wir sind offen für Inspirationen von außen, wir müssen uns nichts mehr selbst beweisen. Stattdessen sind wir auf der Suche nach guten Ideen. In uns wächst eine große Neugier auf das, was wir bei anderen finden können. Leichter als früher können wir Ratschläge annehmen, von denen wir ahnen, dass sie gut für uns sind.

Kraftquellen kennen

Wenn wir langfristig denken und leben wollen, wissen wir: Wir brauchen Zeiten, um unseren inneren Tank zu füllen. In der Lebensmitte sollten wir gelernt haben, welche Tätigkeiten uns besonders viel Kraft kosten und welche uns Kraft geben. Das ist für jeden von uns sehr verschieden. Nur eines verbindet uns alle: Wir brauchen die Zeiten des Krafttankens und Atemholens.

Ich weiß inzwischen, dass ich ganz andere Dinge brauche als meine Frau. Manche „Tankstellen" teilen wir: Ein langer Abend mit guten Freunden, Rotwein und Käse ist für uns immer ein Kraftspender. Ein Ausflug zu zweit. Ein anregendes Gespräch. Daraus schöpfen wir Kraft. Aber manchmal brauche ich mehr Ruhe als sie, manchmal braucht sie mehr Alleinsein. Zu ihren Kraftquellen gehört eine Klosterwoche im Jahr, zu meinen der regelmäßige Besuch der Sporthalle. Sie joggt gerne in Ruhe, ich höre auf dem Hometrainer gerne laute Musik. Wichtig ist es, dass jeder von uns seine Eigenarten kennt und mag – und die des anderen auch. MARTIN

Wenn mir die Decke auf den Kopf fällt, gehe ich gern raus unter freien Himmel. Dann arbeite ich in unserem Garten oder schnappe mir den Hund und radle in den schattigen Wald oder über sonnige Wiesen. Ich atme durch, meine Augen schweifen über die langsam sich verändernde Natur, und bis ich wieder zu Hause bin, habe ich auf unspektakuläre Art neu Kraft getankt. Ich sammle gerne schöne Erinnerungen, deshalb bekomme ich auch beim Schreiben oder Fotografieren neue Kraft. Ein Vormittag in der Bibliothek oder ein Abend in unserer Haussauna wirken auch Wunder. BIANKA

Ruhe finden bei Gott

In der Lebensmitte ist es von entscheidender Bedeutung, nicht in innerer Unruhe zu leben. Angesichts schwindender (Lebens-)Zeit und manchen unwiderruflichen Weichenstellungen kommt aber auch in uns gelegentlich Panik auf: War das alles? Kann ich das Ruder vielleicht doch noch herumreißen? Soll ich alles ganz anders machen?

Wir haben Sorgen, wenn wir an unsere Zukunft denken – und an die Zukunft unserer Kinder. Es rumort in uns. Nun liegt es an uns, inmitten dieser Gefühle Gott einzuladen, uns seine Ruhe zu schenken.

Ich habe angefangen, einfache Sätze aus der Bibel oder von weisen Menschen auswendig zu lernen. Sie begleiten mich, sie helfen mir, ich habe sie immer dabei. Zum Beispiel diesen, von Dietrich Bonhoeffer: „Wer das Morgen ganz in die Hand Gottes legt und heute ganz empfängt, was er zum Leben braucht, der allein ist wahrhaft gesichert." Das ist mein Satz gegen Angst und Sorge vor der Zukunft. Er hilft mir, in unübersichtlichen Zeiten durchzuhalten. Er nimmt mir die Sorge um mein Ergehen, er erinnert mich daran, wie andere in viel schwierigeren Umständen Gott ihr Leben anvertraut haben.

MARTIN

» Im Alleinsein fügt die Seele ihre Bestandteile zusammen, und das Ich definiert sich neu. «

Leonardo da Vinci

An Wunder glauben

Wir schließen dieses Buch mit einem Zitat aus dem wunderschönen kleinen Lebensmitte-Büchlein von Ute und Andreas Wegend. Es fordert uns heraus, nicht unter unseren Möglichkeiten zu bleiben. Die beiden Autoren aus Berlin schreiben eine Einladung zu einem mutigen, intensiven Leben in der zweiten Lebenshälfte:

„Bewahren Sie sich die Freiheit, über den Alltag hinauszudenken und auch an Wunder in Ihrem Leben zu glauben. Gott möchte uns nicht auf ein eindimensionales Leben beschränken, sondern fordert uns auf, im Glauben große Dinge zu erwarten. Warum dann nicht auch in unserem Leben?"

Die Lebensmitte bietet tatsächlich so viele Chancen zu Entfaltung und Wachstum: Vertiefung des eigenen Lebens. Neuanfänge in Beziehungen. Neugewichtung der Prioritäten. Erweiterung der inneren und äußeren Freiheit. Der Aufbruch zu mehr Mut auf der einen und mehr Gelassenheit auf der anderen Seite.

Eine aufregende Reise! Wir wünschen Ihnen, dass Sie diese Lebensphase nicht (oder zumindest nicht nur ...) als Krise erleben, sondern in der Lebensmitte noch einmal richtig aufblühen!

LITERATUREMPFEHLUNGEN

- Anselm Grün: Lebensmitte als geistliche Aufgabe. Vier Türme Verlag, Münsterschwarzach [17]2005
- Romano Guardini: Die Lebensalter. Ihre ethische und pädagogische Bedeutung. Matthias-Grünewald-Verlag, Mainz [9]2001
- Margot Käßmann: In der Mitte des Lebens. Verlag Herder, Freiburg i.Br. 2009
- Henri Nouwen: Der Geliebte Gottes sein, in: AUFATMEN 3/97, S. 10-15
- Andreas und Ute Wegend: Durchstarten in der Lebensmitte. SCM R.Brockhaus, Witten 2007